Annette Holl

Grundschulkinder mit besonderen Bedürfnissen

ADHS, Mutismus, Hochbegabung, Autismus, Linkshändigkeit, Dyskalkulie, LRS und Dyspraxie

Annette Holl unterrichtet an einer kleinen Grundschule im Schwarzwald die Fächer Sport, Schwimmen und Deutsch. Sie betreut als Kooperationslehrerin die Vorschulkinder und hat Erfahrung mit Kombiklassen gesammelt. Zudem ist sie freiberufliche Autorin und hat zahlreiche Ratgeber und Unterrichtshilfen für Lehrkräfte geschrieben.

Wir verwenden in unseren Werken eine genderneutrale Sprache, damit sich alle gleichermaßen angesprochen fühlen. Wenn keine neutrale Formulierung möglich ist, nennen wir die weibliche und die männliche Form. In Fällen, in denen wir aufgrund einer besseren Lesbarkeit nur ein Geschlecht nennen können, achten wir darauf, den unterschiedlichen Geschlechtsidentitäten gleichermaßen gerecht zu werden.

2. Auflage 2024

AAP Lehrerwelt GmbH
Veritaskai 3
21079 Hamburg
Telefon: +49 (0) 40325083-040
E-Mail: info@lehrerwelt.de
Geschäftsführung: Andrea Fischer, Sandra Saghbazarian
USt-ID: DE 173 77 61 42
Register: AG Hamburg HRB/126335

Autorschaft:	Annette Holl
Covergestaltung:	TSA&B Werbeagentur GmbH, Hamburg
Coverillustration:	Vector of a teacher hand holding a book bridging the gap in primary education for children © Feodora via Adobe Stock (stock.adobe.com)
Illustrationen:	Katharina Reichert-Scarborough (Hauptillustratorin), Steffi Abt-Seitzer, Denise Müller
Satz:	Typographie & Computer, Krefeld
Druck und Bindung:	Design and printing JSC KOPA, Kaunas

ISBN/Bestellnummer: 978-3-403-20904-1
www.persen.de

Inhaltsverzeichnis

Dieser Ratgeber wird Sie fundiert dabei unterstützen, mit unterschiedlichen Lern- und Verhaltensauffälligkeiten umzugehen. Da die Diagnosestellung zum Glück nicht in Ihrem Aufgabenbereich liegt, werden Sie in den Kapiteln lediglich eine kurze Auflistung möglicher Verhaltensweisen finden, die nicht der Feststellung einer Besonderheit dient. Es geht mir in erster Linie darum, Ihnen eine schnelle Übersicht und mögliche Handlungsschritte an die Hand zu geben. Ausgangspunkt ist ein Kind mit der Diagnose XY und Ihre Motivation, diesem so gut es geht dabei zu helfen, in Ihrem Unterricht möglichst gut zu lernen und sich in seiner Lerngruppe wohlzufühlen. Dabei liegt der Schwerpunkt auf den praktischen Tipps für den Umgang mit Ihren Schülerinnen und Schülern. Jedes Kapitel enthält außerdem ein paar Tipps zu Bilder- und Kinderbüchern, in denen die jeweilige Besonderheit aufgegriffen wird. In Zeiten von Smartphone, YouTube® und Co. dürfen Hinweise auf entsprechende Erklärvideos nicht fehlen. Bücher und Videos können Ihnen selbst helfen, tiefer in die Thematik einzusteigen. Dadurch und damit können auch sehr schöne Momente mit Ihrer Lerngruppe entstehen. Nehmen Sie sich Zeit, um gemeinsam mit den Mädchen und Jungen ein Buch zu lesen oder einen Film zu schauen und im Anschluss über die Thematik zu sprechen. Vielleicht ermöglicht das auch den betroffenen Kindern, einmal eine Bühne zu bekommen, auf der sie von ihrer Besonderheit berichten können.

Die Auswahl der Besonderheiten wurde ausgehend von meiner jahrelangen Arbeit als Grundschulpädagogin und Autorin getroffen und bezieht sich auf solche, die mir selbst und mir bekannten Grundschullehrkräften in der Praxis häufig begegnen. Dennoch darf nicht vergessen werden, dass auch schwierige familiäre Bedingungen, eine Erkrankung, der Tod eines Elternteils, Fluchterfahrungen, Traumata und auch die nicht selten auftretende Sechsjahreskrise zu (zeitweiligen) Auffälligkeiten führen können, mit denen Sie dann in der Praxis zu tun haben.

Nach jahrelanger Arbeit in der Grundschule bin ich davon überzeugt, dass jedes Kind lernen will und auch kann. Voraussetzung dafür ist, dass wir Lehrkräfte eine wertschätzende Haltung gegenüber als *schwierig* bezeichneten Schülerinnen und Schülern einnehmen, für niveaugerechte Aufgaben und ein positives Klassenklima sorgen. Ich verfolge mit diesem Ratgeber das Ziel, heterogenen Lerngruppen ein wenig von ihrem *anstrengenden Schrecken* zu nehmen. Ja, sicherlich ist das Ganze mit Mehrarbeit verbunden, das lässt sich nicht leugnen. Aber auf jeden Fall auch eindeutig mit Mehrwert für Ihre Lerngruppe und Sie selbst! Das Unterrichtsgeschehen wird dadurch eindeutig *bunter* und *schmackhafter*. So wie ein Obstsalat, den Sie bestimmt auch nicht nur mit Bananen zubereiten, sondern ihm möglichst viele verschiedene Obstsorten zufügen würden.

Und: Hand aufs Herz – im Prinzip ist doch eigentlich nichts normal und wohl jeder von uns hat eine Eigenart vorzuweisen. So ist doch eigentlich jedes Kind, das da vor Ihnen sitzt, ein Individuum und somit *besonders*.

Ihre Annette Holl

Um eine wertschätzende Lernkultur aufzubauen, ist es notwendig, den Blick auf die Individuen in der Lerngruppe zu richten: *Welche Kinder befinden sich in meiner Klasse? Was macht diese aus? Welche Bedürfnisse bringen diese mit?* Darüber hinaus gibt es jedoch auch universelle Merkmale einer wertschätzenden Lern- und Unterrichtskultur, die bei ihrer Umsetzung allen Kindern in Ihrer Klasse zugutekommen. Ich stelle Ihnen hier in Kürze fünf Aspekte vor, die meiner Meinung nach eine gute Lernkultur ausmachen können:

1. Wertschätzung durch Lob und Augenkontakt
2. Akzeptanz untereinander
3. Selbstbewusstsein durch Fehlertoleranz erhöhen
4. Eine klare Sprache und die richtige Anweisungstechnik
5. Sicherheit durch Regeln und Konsequenzen

Die folgenden Ausführungen sind leicht umzusetzende Impulse, die sich in meiner eigenen Schulpraxis bewährt haben:

Wertschätzung durch Lob und Augenkontakt

Der Kern Ihrer pädagogischen Arbeit, die auf Wertschätzung beruht, sollte die *positive Verstärkung* sein, d. h. anstatt beispielsweise Regelverstöße zu bestrafen, sollten Sie alternativ Regeleinhaltungen belohnen. Das kann ganz einfach durch Blicke, Kopfnicken und mündliches Lob geschehen. Hier können Sie auch durch mündliches Feedback unterstützen: *Okay, Gut, Super gemacht.* Zur positiven Verstärkung gehören auch das Anerkennen und Loben von kleinen (Fort-)Schritten. So ist es beispielsweise für ein schüchternes Kind eine riesengroße Leistung, wenn es sich an einem Schultag zweimal meldet.

Sie agieren nicht nur wertschätzend, wenn Sie das Kind loben und die positiven Verhaltensweisen hervorheben, sondern auch, wenn Sie dem Kind in die Augen schauen. Neben einer Eins-zu-eins-Kommunikation, in der Augenkontakt eine Selbstverständlichkeit Ihrerseits sein sollte, gibt es die folgenden Momente, die mir in diesem Zusammenhang wichtig erscheinen:

- Wenn Sie nachlassende Konzentration bei einem Kind bemerken, können Sie Blickkontakt zu diesem aufnehmen. Gelingt dies nicht, empfiehlt es sich stattdessen, direkt zur betroffenen Schülerin oder zum betroffenen Schüler zu gehen, sie / ihn anzuschauen und in moderater Lautstärke anzusprechen. So vermeiden Sie, dass Sie das Kind vor seinen Mitschülerinnen und Mitschülern bloßstellen.
- Damit sich alle Kinder angesprochen fühlen, wenn Sie eine Anweisung geben, empfiehlt es sich, Blickkontakt herzustellen und konkrete *Du-Ansagen* zu machen: Du machst jetzt bitte Aufgabe vier bis sechs auf diesem Arbeitsblatt.
- Um die Kinder auch während der Stillarbeitsphasen zu unterstützen, können Sie währenddessen immer wieder direkt zu einzelnen Kindern gehen und an deren Tun Interesse zeigen. Wenn Sie das Kind ansprechen, ist es immer zu empfehlen, sich auf die gleiche Ebene zu begeben: sich hinzuhocken oder vorzubeugen und ihm dann in die Augen zu schauen.
- Augenkontakt ist auch dann wichtig, wenn es um die mündliche Beteiligung oder Nichtbeteiligung geht: Nicht alle Kinder möchten sich mündlich am Unterricht beteiligen und sind dennoch konzentriert dabei. Lehrkräfte tendieren oft dazu, eine stille Schülerin oder einen stillen Schüler dann einfach aufzurufen. Versuchen Sie, vorab Blickkontakt herzustellen. Akzeptieren Sie es, wenn das Kind durch einen sich senkenden Blick zeigt, dass es nicht vor der Gruppe sprechen möchte.

Akzeptanz untereinander

Versuchen Sie durch Spiele und Übungen, das Selbstwertgefühl jedes einzelnen Kindes zu stärken sowie Hemmungen und Ängste zu vermindern. Lassen Sie Ihre Schüler und Schülerinnen z. B. auf einem Blatt notieren, was sie an sich mögen. Dieses kann dann unter der Überschrift *Jeder / Jede kann etwas!* im Klassenzimmer aufgehängt werden.

Sprechen Sie auch mit den Kindern über Ängste. Lassen Sie die Kinder z. B. in Kleingruppen über Situationen sprechen, in denen Sie Mut brauchten, z. B. allein beim Bäcker einkaufen, bei einer Nachtwanderung oder im Kletterpark. Unterstützend hierfür finden Sie im Anhang – wie unten ausgeführt – Bildwortkarten zu 30 Gefühlen.

Auch das Stärken der Klassengemeinschaft durch Ausflüge oder ein Klassenfrühstück schafft Akzeptanz. In solchen Momenten erfährt jedes einzelne Kind, dass es Teil der Gruppe ist. Auch gegenseitige Helfersysteme in der Klasse begünstigen dieses Gefühl: Bevor die Kinder sich wegen einer Frage melden, kann zunächst ein/-e Mitschüler/-in um Hilfe gebeten werden. Versuchen Sie darüber hinaus, Unterrichtsgespräche möglichst oft von den Schülern und Schülerinnen selbst moderieren zu lassen. Bestimmen Sie hierzu ein Kind, das die anderen aufrufen darf. Nehmen Sie dabei bewusst auch stillere Kinder dran, wenn diese dazu bereit sind. Damit schaffen Sie Situationen, in denen die Kinder sich gegenseitig anerkennen und respektieren lernen. Sehr motivierend ist es auch, wenn die Kinder sich gegenseitig aufrufen dürfen. Es empfiehlt sich dabei, Mädchen und Jungen im Wechsel aufrufen zu lassen.

Selbstbewusstsein durch Fehlertoleranz erhöhen

Um ein gesundes Selbstbewusstsein aufzubauen, ist ein positiver Umgang mit den eigenen vermeintlichen Schwächen oder Fehlern sehr wichtig. Hier können Sie einen wichtigen Grundstein legen, wenn Sie den Kindern das Gefühl geben, dass Fehler ihre Daseinsberechtigung haben: Sie sind wichtig und bringen einen oft weiter, weil Dinge erneut durchdacht werden. Die Kinder in Ihrer Klasse sollen wissen, dass sie auch falsche Antworten geben dürfen. Etablieren Sie deshalb den Spruch: *Es gibt keine doofen Fragen oder Fehler.* Auch zu empfehlen sind regelmäßige Reflexionsgespräche mit jedem Kind. Sprechen Sie dabei über den Lernprozess *Wie habe ich gearbeitet? Wie habe ich mich zeitlich organisiert?* und über das Lernergebnis *Wo gab es Fehler? Was war gut?*

Zu der Atmosphäre einer Fehlertoleranz gehört auch eine Balance zwischen Nachsicht und Konsequenz: Versuchen Sie schwächeren Schülerinnen und Schülern gegenüber, aus gut gemeintem Verständnis, nicht ständig Nachsicht walten zu lassen: Anstatt *Dann lass das heute einfach mal weg* ist es ratsamer, liebevoll-konsequent zu bleiben: *Ich weiß, das fällt dir schwer. Aber ich bin stolz auf dich, dass du dich durchkämpfst.*

Eine *klare* Sprache und die *richtige* Anweisungstechnik

Neben Lob, Augenkontakt, dem Schaffen einer gegenseitigen Akzeptanz und Fehlertoleranz spielt auch Ihre Sprache eine wichtige Rolle in Bezug auf eine wertschätzende Lernkultur. Neben einer *gewaltfreien Kommunikation* gibt es weitere Impulse, die sich ganz konkret umsetzen lassen:

- Verzichten Sie auf Ironie oder zynische Bemerkungen.
- Vermeiden Sie langwierige Erklärungen und Schachtelsätze. Geben Sie kurze, knappe Anweisungen: Aus *Ich möchte, dass ihr jetzt euer Sprachbuch herausholt und die Geschichte auf S. 15 leise lest. Dann unterstreicht ihr im Text mit einem roten Buntstift alle Verben. Schreibt diese dann in euer Deutschheft. Ach ja: Vergesst nicht das Datum und die Überschrift* wird *Holt eure Sprachbücher heraus. Lest den Text auf S. 15. Unterstreicht alle Verben rot. Schreibt sie in euer Deutschheft. Datum und Überschrift nicht vergessen!* Überfordern Sie Ihre Schülerinnen und Schüler zusätzlich möglichst nie mit mehr als zwei Alternativen: *Möchtest du ein grünes oder ein gelbes Papier?*
- Am besten unterstreichen Sie ihre mündlichen Anweisungen immer durch Visualisierungen wie Tafelanschrieb, Bildkarte o. Ä.

Sicherheit durch Regeln und Konsequenzen

Regeln bieten Sicherheit und Struktur. Dabei ist es wichtig, dass Sie der Grundschulklasse einen Regelkatalog vorstellen, der höchstens acht bis zehn Regeln enthält. Optimal ist es, wenn die Schülerinnen und Schüler bei der Sammlung der Regeln selbst aktiv werden. So können sie gemeinsam im Unterrichtsgespräch Regeln festlegen. Sehr schön ist es auch, wenn die Kinder in Kleingruppen Regeln sammeln und danach im Plenum abgestimmt wird, welche Regeln in der Klasse gelten sollen. Die Regeln sollten unbedingt positiv formuliert sein und ohne die Wörter *nicht, kein* o. Ä. auskommen: *Ich melde mich* anstatt *Ich rufe nicht hinein*. Hängen Sie diese dann gut sichtbar für alle im Klassenraum auf, z. B. auf einem Plakat oder großformatierten Karten. Machen Sie zudem die Sache verbindlich, indem Sie die Mädchen und Jungen auf dem Regelplakat oder unter den -karten unterschreiben lassen. Besprechen Sie vorab die Konsequenzen bei Nichteinhaltung der Regeln: z. B. bei mehrfachen Verstößen folgen Aufgaben wie das Aufräumen der Pausenspielgeräte oder ggf. auch eine Kontaktaufnahme mit den Eltern. Achten Sie dabei darauf, dass die Konsequenzen in einem sinnvollen Zusammenhang mit dem Regelverstoß stehen, z. B. das Wegsetzen eines Kindes nach Störung des Nachbarkindes.

Auch sollte die Konsequenz ohne große Verzögerung und in unaufgeregter Art und Weise erfolgen, also statt laut werden in ruhigem, aber bestimmtem Ton sprechen. Auch können Sie mit nonverbalen Mitteln arbeiten, wie z. B. einem mahnenden Blick oder gelben und roten Karten, wenn ein Kind stört. Dies bietet sich vor allem im Unterrichtsgeschehen an. Wenn das Kind dann nicht reagiert, sprechen Sie es an und kündigen eine Konsequenz an: *Hör bitte auf, mit dem Stift auf deinen Tisch zu klopfen. Ansonsten ist er bis zum Ende der Stunde bei mir.*

Funktionieren die Maßnahmen nicht oder wird das Kind immer unruhiger, vielleicht auch aggressiver und lauter, dann kann ein *Time-out* nützlich sein. Schicken Sie das Kind hierzu aus dem Klassenraum oder führen Sie es hinaus. Sprechen Sie vorab mit der Schulleitung ab, wo es in einem solchen Fall hingehen soll. Sie dürfen ein Kind für eine kurze Auszeit auch vor der Tür stehen lassen, sofern Sie die Tür geöffnet lassen und es auch während des Unterrichts gut im Blick haben.

Diese Impulse sind als leicht umsetzbare Anregungen zu verstehen, die eine wertschätzende Lernkultur begünstigen. Es ist nicht möglich, allen Kindern in der Klasse gleichzeitig gerecht zu werden. Vielleicht gibt es Tage, an denen Sie gar enttäuscht nach Hause gehen, weil Sie insgeheim diesen Anspruch an sich stellen. Ich möchte Sie beruhigen: Ich bin der festen Überzeugung, dass man schon durch kleine Impulse und kleine Veränderungen viel bewirken kann. Dabei geht es auch immer darum, die Kinder sich selbst verstehen *zu lehren*, um die eigenen Bedürfnisse wahrzunehmen. Daher finden Sie anbei im Anhang 30 Bildwortkarten zu Gefühlen, mit denen Sie alle Kinder dabei unterstützen können, ihre Gefühle wahrzunehmen, zu differenzieren und auszudrücken.

Gut zu wissen

In diesem Kapitel erfahren Sie, wie Sie wohltuende Routinen und Sicherheit vermitteln, Gefühle thematisieren und Interaktion gewährleisten.

AUTISMUS

Wussten Sie, dass…

Vielen außergewöhnlich kreativen oder auf andere Art und Weise besonderen Berühmtheiten wird nachgesagt, dass sie autistische Auffälligkeiten zeigten. So gilt es als ziemlich sicher, dass Albert Einstein, der Erfinder der Relativitätstheorie, Autist war. Auch bei Wolfgang Amadeus Mozart, Charles Darwin, Andy Warhol, Isaac Newton oder auch Bill Gates wird es vermutet. Die derzeit wohl bekannteste Vertreterin des Asperger-Syndroms, einer Form von Autismus, ist Greta Thunberg, die jugendliche Umweltaktivistin. Auch die Musikerin Courtney Love, der Oscar®-Preisträger Sir Anthony Hopkins oder der Kinderbuchautor Janosch sprechen offen über ihre Autismus-Diagnose.

Rechtliche Feinheiten

§

Kinder mit einer Autismus-Spektrum-Störung (ASS) können einen Schwerbehindertengrad von 50 bis 80 % erhalten und haben im Rahmen der Eingliederungshilfe nach § 35a SGB VIII oder § 54 SGB XII Anspruch auf eine Schulbegleitung, die einer Genehmigung durch das örtlich zuständige Jugendamt bedarf[1]. Es gibt keine einheitlichen Rahmenbedingungen. Die Vorgehensweise und die Aufgaben, um eine Schulbegleitung zu bekommen, sind deutschlandweit jedoch dieselben:

- Hat ein Kind eine entsprechende Diagnose erhalten, können ausschließlich dessen Eltern einen Antrag auf Eingliederungshilfe stellen.
- Es folgt ein Hilfeplangespräch, in dem die Bedürftigkeit des Kindes festgestellt wird. Davon ausgehend wird dann eine Stundenzahl bestimmt, innerhalb derer die Schulbegleiterin oder der Schulbegleiter das Kind im Unterricht begleitet.
- Die Aufgaben der Schulbegleiterin oder des Schulbegleiters können abhängig vom Kind, der Schule, der Schulart oder auch dem Elternhaus stark variieren.
- Schulbegleitung ist Hilfe zur Selbsthilfe.
  Im Optimalfall ist sie irgendwann überflüssig, weil das Kind durch die erlernten Strategien selbst zurechtkommt.

---

1 https://www.autismus.de/fileadmin/RECHT_UND_GESELLSCHAFT/Rechte_von_Menschen_mit_Autismus_1._August_2017.pdf, S. 24 f.

Mögliche Verhaltensweisen oder: Struktur ist das A und O

Sehen Sie die Schulbegleiterin oder den Schulbegleiter nicht als *Gefahr* im Sinne eines Beobachtenden Ihres Unterrichts, sondern als wichtige Ressource. Wichtig ist, dass Sie regelmäßig ins Gespräch mit der Person gehen und ganz klar die Phasen im Unterricht benennen, in denen sie Hilfe für sich und Unterstützung für das Kind benötigen. Erkennen Sie die Vorteile, die sie durch eine entsprechend geschulte Person haben:

- Sie ist Sprachrohr zwischen Ihnen und der betroffenen Schülerin bzw. dem betroffenen Schüler.
- Sie ist bestenfalls Expertin bzw. Experte für autistische Auffälligkeiten und kann Ihnen wertvolle Unterstützung für eine gelingende Interaktion mit dem Umfeld zukommen lassen.
- Sie kann zur Vermittlerin bzw. zum Vermittler zwischen dem Kind und Klassenkameradinnen und -kameraden werden.
- Sie kann als *Bodyguard* für das Kind fungieren, wenn es infolge von Überreizung zu Selbst-, Fremd- oder Sachbeschädigungen kommt.
- Sie selbst können sich unbeschwerter um den *normalen* Unterricht sowie die anderen Kinder in Ihrer Lerngruppe kümmern.

Verhaltensweisen auf einen Blick oder: Struktur ist das A und O

Autismus-Spektrum-Störungen zählen zu den *Tiefgreifenden Entwicklungsstörungen*. Es werden drei Störungsbilder gesondert aufgeführt: Der *Frühkindliche Autismus*, das *Asperger-Syndrom* und der *Atypische Autismus*[2]. Das gesamte Spektrum autistischer Störungen wird unter dem Begriff *Autismus-Spektrum-Störung* (ASS) definiert. Auf 100 Personen kommt etwa eine Autistin oder ein Autist, wobei die Diagnose häufiger bei Jungen als bei Mädchen erfolgt. Weltweit geht man von etwa 67 Millionen Betroffenen aus, das ist etwa 1 % der Bevölkerung. Die am häufigsten auftretende Störung ist der frühkindliche Autismus, gefolgt vom Asperger-Syndrom. Kinder mit ASS können Besonderheiten im Umgang mit ihren Mitmenschen zeigen. Dies kann sich in der Kommunikation, in der Handlungsplanung sowie in sich wiederholenden Verhaltensweisen und oftmals auch sensorischen Auffälligkeiten bemerkbar machen. Aber: Kein Kind mit Autismus gleicht dem anderen und so kann sich die neurologische Besonderheit sehr individuell auf verschiedene Art und Weise und in unterschiedlich starker Ausprägung zeigen. Allgemein lassen sich trotzdem Aussagen treffen: Kinder mit ASS nehmen ihre Umgebung anders wahr, haben meist wenig Verständnis für soziale Interaktion und das gemeinsame Teilen von Interessen. Der Wunsch am sozialen Leben teilzunehmen, ist bei Kindern mit ASS nicht weniger ausgeprägt als bei anderen Kindern, jedoch mit großen Anstrengungen verbunden[3].
Folgende mögliche Verhaltensweisen sind mir in meiner Tätigkeit als Lehrerin durch Beobachtung und den Austausch mit Betroffenen und im Kollegium aufgefallen. Diese könnten sicherlich ergänzt werden und treffen in ihrer Gesamtheit nicht auf alle Kinder mit der Besonderheit zu, bieten jedoch eine erste Annäherung:

---

2 https://www.autismus.de/was-ist-autismus.html
3 vgl. Berger, Holubowsy, Wayàn (2023): S. 7.

Tipps für den Umgang

Das Kind kann ...

- das Verhalten und die Reaktion anderer Kinder weniger gut einschätzen.
- schlechter Blickkontakt halten.
- Probleme damit haben, die Gefühle anderer wahrzunehmen und zu benennen.
- Interessen und ein besonderes Wissen für einen speziellen Bereich hegen.
- wiederkehrende Abläufe mögen / einfordern.
- eine hohe Empfindlichkeit gegenüber Geräuschen und schnell wechselnden visuellen Eindrücken sowie ein vermindertes Temperaturempfinden zeigen.

Es haben sich daher Schwerpunkte bewährt, mit denen Sie das autistische Kind / die autistischen Kinder in Ihrer Klasse unterstützen können.

Setzen Sie visuelle Hilfsmittel ein

Für viele Kinder mit einer Autismus-Spektrum-Störung sind Visualisierungen erleichternd und unterstützend. Machen Sie sich dieses Wissen zunutze:

- Ein Stundenplan, der einfache Zeichnungen der Aktivitäten enthält und die Uhrzeiten auf einem Uhrdisplay anzeigt, ist optimal.
- Wo immer möglich, sollten im Klassenraum Merkhilfen, Regelplakate, aber auch Arbeitsblätter, und Materialien mit Symbolen gekennzeichnet sein. Dabei sollten auf den Heften und Ordnern dieselben Farben und / oder Symbole zu sehen sein wie auf dem Stundenplan.
- Arbeiten Sie am besten mit einem großen visualisierten Tagesplan. Verwenden Sie Karten für jedes Fach und / oder für die unterschiedlichen Unterrichtsphasen, wie Gruppenarbeit, Pause, Morgenkreis usw. Diese hängen Sie in der Reihenfolge, in der sie an diesem Tag vorkommen, untereinander auf.
- Greifen Sie die Farben und Symbole auf, die sich z. B. auch auf den Heften wiederfinden. Benutzen Sie z. B. einen Magneten oder Klettverschluss, der immer den aktuellen Moment im Tagesverlauf kennzeichnet.
- Versehen Sie Regale, Kleiderhaken, Kisten der Schülerinnen und Schüler mit Namen und Foto.
- Unterstützen Sie mündliche Anweisungen, wo immer möglich, zusätzlich mit Ihrer Mimik und Gestik. Nutzen Sie zusätzlich Bildkarten oder einfache Gebärden.
- Stellen Sie dem autistischen Kind bei mehrschrittigen Aufgaben, z. B. bei Bastelangeboten, mehrere Bilder oder auch konkrete Beispiele in der entsprechenden Reihenfolge zur Verfügung.

Besorgen Sie sich einen Fotovorhang. Stecken Sie hier Bildkarten mit den einzelnen Schritten einer Aufgabe hinein. Auch die Karten, die den Schultag visualisieren, können hier in der entsprechenden Reihenfolge eingefügt werden. Alternativ können Sie auch einzelne Fotorahmen oder Tischkartenhalter verwenden, die sie in der entsprechenden Reihenfolge nebeneinander aufstellen können.

Tipps für den Umgang

Struktur im Klassenraum

- Arbeiten Sie mit Listen und Plänen, anhand derer das Kind sieht, welche Aufgaben es zu erledigen hat und wo es diese abhaken kann. Das können Pläne für einzelne Arbeitsphasen sein, aber auch die Arbeit mit einem Tages- oder gar Wochenplan ist möglich. Erfahrungsgemäß ist es sinnvoll, kleinschrittig zu starten.
- Treffen Sie am besten tägliche Absprachen, was das Kind der Reihe nach erledigen soll. Kennzeichnen Sie z.B. in einem Wochenplan die Aufgaben mit Kürzeln der Wochentage, z.B. *Mo, Di, Mi*.
- Setzen Sie eine Stoppuhr ein, die dem Kind während der Arbeitsphasen, beim Aufräumen oder auch beim Umziehen für den Sportunterricht die ablaufende Zeit visualisiert.
- Arbeiten Sie in Ihrem Unterricht mit immer wiederkehrenden Ritualen, z.B. um den Tag zu beginnen, zu beenden, um Arbeitsphasen einzuläuten, die Pausen anzukündigen. Beschränken Sie sich dabei auf eine überschaubare Anzahl.
- Wenn Sie ein neues Ritual einführen, geben Sie hierfür ein altes auf. Lassen Sie zeitlich immer Abstand, bevor Sie ein neues Ritual starten. Ein guter Wechselzeitpunkt ist z.B. nach einem Ferienabschnitt.
- Alles sollte einen festen Platz haben: Themenecken, wie z.B. die Leseecke, die Computerecke. Arbeitsmaterialien sollten immer am selben Ort verräumt werden.
- Sämtliche Materialien und Bereiche sollten markiert / beschriftet sein.
- Das autistische Kind benötigt einen Sitzplatz, der möglichst auch bei Platzwechseln nicht geändert wird.
- Achten Sie darauf, dass auf dem Tisch des Kindes nur die aktuell zu verwendenden Materialien liegen und der Rest sich im Schulranzen befindet.
- Strukturieren Sie den Schreibtisch mithilfe von Klebeband. Kennzeichnen Sie beispielsweise die Lage des Federmäppchens, des Heftes usw. oder besorgen Sie dem Kind eine Schreibtischunterlage.
- Vielleicht besteht die Möglichkeit, dass es auf seinem Schreibtisch oder in greifbarer Nähe eine Ablage für seine Materialien bekommt?
- Sehr hilfreich ist eine *Fertigkiste*, in die das Kind schon bearbeitete Dinge ablegen kann.
- Gibt es unvorhergesehene Änderungen im Stundenplan, weil eine Kollegin oder ein Kollege krank ist oder eine Projektwoche ansteht? Haben Sie vor, mit Ihrer Klasse auf einen Ausflug zu gehen, oder planen Sie gar eine Schulübernachtung? Dann bedenken Sie unbedingt, dass solche außerunterrichtlichen Aktivitäten für ein autistisches Kind eine riesengroße Herausforderung sein und Stress auslösen können. Kündigen Sie alles so frühzeitig wie möglich an, halten Sie es unbedingt auch schriftlich fest. Gehen Sie ins Gespräch mit den Eltern und / oder der Schulbegleitung.
- Für ein autistisches Kind kann das Federmäppchen eine Überforderung sein. Geben Sie den Eltern Tipps, um möglichst wenig Aufregung zu verursachen:
- Wenige Fächer und Klappen sind hilfreich, aber auf keinen Fall nur ein *Schlampermäppchen*, in dem die Stifte lose liegen.
- Reduzieren Sie die Schreibwaren auf das nötige Mindestmaß: z.B. ein Bleistift, ein Anspitzer, ein Radiergummi, ein Füller oder Tintenroller,

eine Ersatzpatrone, vier Holzfarbstifte in Blau, Rot, Gelb und Grün, ein Lineal, ggf. ein Textmarker oder Folienstift.

- Am besten kleben die Eltern für jedes Teil ein Symbol / ein Bild an die Stelle, in der es im Federmäppchen eingeordnet werden soll. Die Stellen für die Stifte könnten auch mit der entsprechenden (Nagellack-)Farbe gekennzeichnet werden.
- Arbeiten Sie mit einem Wecker / Timer, um die Zeit fassbarer zu machen. Dann kann das autistische Kind genau sehen, wie viel Zeit ihm für die Arbeit noch verbleibt. Stellen Sie die Zeit (zunächst) recht großzügig bemessen ein, um Erfolgserlebnisse zu schaffen.

Sehen Sie unbedingt von unangekündigten Klassenarbeiten ab. So ein Moment kann schnell eine Panikattacke beim autistischen Mädchen oder Jungen auslösen oder sie / ihn in eine extreme Unruhe versetzen. Kündigen Sie Klassenarbeiten frühzeitig an, lassen Sie Thema und Datum zusätzlich im Hausaufgabenheft notieren. Lassen Sie den Eintrag ggf. von den Eltern unterschreiben, um sicher zu sein, dass diese auch Bescheid wissen.

Strukturhilfen für die mündliche Beteiligung

Es gibt erfahrungsgemäß autistische Kinder, die Schwierigkeiten haben, sich mündlich am Unterricht zu beteiligen.

- Es kann helfen, wenn Sie dem betroffenen Kind vorstrukturierte Satzanfänge anbieten. Diese kann es in Kleinformat in seinem Federmäppchen aufbewahren oder auch auf seinen Tisch kleben. Damit findet es möglicherweise den Anfang zu einem Unterrichtsbeitrag.
- Ist dem Kind die mündliche Beteiligung merklich unangenehm oder verweigert es mündliche Äußerungen komplett, kann eine Regelung hilfreich sein, die das Ganze etwas verbindlicher macht: Gehen Sie mit dem Kind ins Gespräch: Gibt es Ursachen für die Zurückhaltung? Kann das Kind ggf. zu einem seiner Lieblingsthemen einen kleinen Vortrag halten? Schaffen Sie Möglichkeiten, dem Kind eine Mitarbeit angenehm zu machen.
- Geben Sie dem Kind Signalkarten, die es nonverbal einsetzen kann, wenn es z. B. Hilfe braucht, es dem Unterricht nicht folgen kann oder zur Toilette muss.

Tipps für den Umgang

- Bieten Sie dem Kind Alternativen zu mündlichen Beiträgen vor der Klasse an: So kann es Ihnen seine Hausaufgaben zeigen oder diese einem Partnerkind vorlesen und / oder kontrollieren lassen.
- Es bietet sich an, Blickkontakt mit dem Kind aufzunehmen, wenn Sie Anweisungen formulieren, die für die ganze Klasse gelten.

Schaffen Sie einen Rückzugsort

Einem autistischen Kind kann es schnell *zu viel* werden. Bieten Sie ihm die Möglichkeit, sich an einen ruhigen Ort zurückzuziehen, wenn sie Anzeichen von Überreizung bemerken, es ihm im Klassenraum zu laut, unruhig und hektisch wird oder es einen Konflikt mit einer Mitschülerin oder einem Mitschüler hatte.

- Platzieren Sie eine Unterlage, einen Sessel oder auch einen Sitzsack in einer Ecke des Klassenraumes, auf dem das Kind mit Blick zur Wand eine Auszeit nehmen kann. Gegebenenfalls kann das Kind sich mit Kopfhörern noch besser zurückziehen. Möglicherweise tut es ihm gut, dabei über die Kopfhörer Entspannungsmusik zu hören.
- Warum nicht die Klassenzimmertür offen stehen lassen und dem Kind im Flur auf einem Stuhl oder in einem Sessel ein paar ruhige Minuten gönnen?
- Auch eine Bank auf dem Schulhof bietet sich an. Diese sollten Sie aber vom Klassenraum im Blick haben können. Hat das Kind eine Schulbegleitung, so kann diese mit ihm gemeinsam das Zimmer verlassen.
- Im Optimalfall kann das Kind in einen anderen Raum ausweichen. Gibt es bei Ihnen an der Schule z.B. eine Schulbibliothek?
- Der Ruheort kann durch ein paar ausgewählte Gegenstände, die für das Kind eine Bedeutung haben, noch etwas heimeliger gestaltet werden: ein schönes Kissen, eine spezielle Entspannungs-CD, sein Lieblingsbuch. Dies könnte in einer Ruhekiste gesammelt sein.
- Vereinbaren Sie eine Zeit, nach der das Kind wieder zurückkommen soll, und geben sie dem Kind dafür z.B. einen Timer.

Struktur in den Pausen

Unstrukturierte Zeiten, wie sie Pausen bieten, können ein Problem für Kinder mit einer Autismus-Spektrum-Störung sein. Es kann sein, dass der Lärm und die Unruhe nicht gut vertragen werden und Schwierigkeiten damit bestehen, dass alle Kinder etwas anderes und ohne erkennbare Struktur machen. Sprechen Sie mit dem Kind:

Tipps für den Umgang

Was braucht es? Gibt es Unsicherheiten oder Ängste? Davon ausgehend können Sie weitere Schritte abhängig machen. Hier ein paar Tipps, die hilfreich sein können:

- Die Pausenaufsicht könnte über die Besonderheit des Kindes informiert werden und dieses ggf. etwas mehr im Auge behalten.
- Gibt es eine Klassenkameradin / einen Klassenkameraden oder eine Gruppe von Kindern, die dem Kind zur Seite stehen?
- Sicherlich gibt es auch an Ihrer Schule klar definierte Pausenregeln. Besprechen Sie diese von Zeit zu Zeit mit der Klasse. Gibt es keine allgemeinen Vereinbarungen, könnten Sie dies im Kollegium anregen.
- Bietet der Schulhof die Möglichkeit, dass das Kind sich etwas zurückziehen kann, z.B. in eine weniger einsehbare Ecke, auf eine Bank oder ein Spielgerät?
- Vielleicht kann das Kind sich auch an einen Ruheort zurückziehen oder darf im Klassenraum verbleiben? Denken Sie hierbei an die Aufsicht. Vielleicht kann sich eine FSJ-Kraft oder die Schulbegleitung des Kindes mit ihm beispielsweise zum Schachspielen treffen.
- Bringen Sie dem Kind Wertschätzung entgegen, indem Sie mit einem Belohnungsplan dafür sorgen, gesetzte Ziele in den Pausen zu honorieren. Dabei erhält das Kind für eine störungsfreie Pause einen Sticker. Für eine bestimmte Anzahl erhält es eine vereinbarte Belohnung.

Gefühle thematisieren und Interaktion fördern

Es kann der Eindruck entstehen, dass Schülerinnen und Schüler mit einer Autismus-Spektrum-Störung am liebsten allein arbeiten. Der Wunsch nach sozialer Integration ist jedoch genauso ausgeprägt wie bei allen anderen Kindern.[4] Auch hier gilt: Sprechen Sie mit dem Kind und bieten ihm ggf. folgende Hilfestellungen an.

- Hat das Kind eine/-n Lieblingsklassenkameradin oder -kamerad? Dann achten Sie darauf, dass es oft mit diesem im selben Team ist, oder lassen Sie das Kind wählen. Das bietet ihm die nötige Sicherheit.
- Sprechen Sie im Rahmen des Unterrichts, z.B. im Morgenkreis, einer Reflexionsrunde, mit Ihrer Lerngruppe regelmäßig über Gefühle. Fragen Sie, wie es den Kindern bei der Gruppenarbeit ergangen ist, wie die Arbeit mit der Sitznachbarin oder dem Sitznachbarn geklappt hat.
- Nutzen Sie die Gefühlskarten im Anhang. Sprechen Sie im Sitzkreis mit den Kindern darüber und lassen Sie die dargestellten Emotionen genau beschreiben, z.B.: *Woran erkennst du, dass das Kind traurig ist? Wie sehen seine Augen aus? Warum hat dieses Kind hier die Stirn in Falten gelegt?*
- Halten Sie die Wortkarten verdeckt in der Hand. Nun zieht ein Kind eine Karte und stellt das Gefühl dar.
- Vielleicht machen Sie mit Ihrer Klasse sogar eigene Gefühlskarten und lassen die Kinder hierzu in Rollenspielen Gefühle darstellen und Sie fotografieren sie dabei?

---

4 vgl. Berger, Holubowsy, Wayàn (2023): S. 7.

Tipps für den Umgang

- Lassen Sie das Kind an seinen Herzensthemen arbeiten: Es hat sich in der Praxis gezeigt, dass viele Kinder mit Autismus-Spektrum-Störungen häufig über ein extraordinäres Wissen in einem bestimmten Bereich verfügen. Lassen Sie das nicht gänzlich unter den Tisch fallen. Setzen Sie dies als Belohnung und Motivator ein. Vielleicht kann es in einem Extraheft zu seinem Spezialbereich schreiben oder malen, wenn es seine Unterrichtsaufgaben erledigt hat. Geben Sie ihm die Möglichkeit, der Klasse in einer Präsentation sein Wissen mitzuteilen.

Buch- und Materialtipps

Kinder- und Jugendbücher

Eiken-Lückau, Dagmar: Mia – meine ganz besondere Freundin: Ein Vorlesebuch zum Thema Anderssein und Autismus. Neufeld Verlag 2021.

Hächler, Pascale; Tschirren, Barbara u. Mambourg, Martine: Ich bin LORIS. Kindern Autismus erklären. BALANCE buch + medien verlag 2014.

Handke, Elisabeth u. Luisa Meißner: Maxi und die Gefühle-Helfer: Gefühle wahrnehmen, benennen und mit ihnen umgehen – Ein Mitmach-Kinderbuch zur Entwicklung von Selbstfürsorge und sozialer Kompetenzen 2022.

Higashida, Naoki: Warum ich euch nicht in die Augen schauen kann. Rowohlt 2014. Ein Dokumentarfilm, der auf diesem Buch passiert, und denselben Titel hat, kam 2021 in die Kinos.

Lutz, Dorina: Svea ist besonders. Ein Autismus-Buch für Kinder im Kindergarten-, Vorschul- und Grundschulalter. MTM 2021.

Mosca, Julia Finley: Das Mädchen, das in Bildern dachte. Die Geschichte von Temple Grandin. BALANCE buch + medien verlag 2020.

Seger, Britta: Was ist mit Tom? Geschichten zur Aufklärung über Autismus (Aspergersyndrom) in Kindergarten und Grundschule. Von Loeper Literaturverlag 2020.

Materialtipps zur Unterstützung Ihres Unterrichts

Berger, Natascha; Holubowsky, Lena; Wayán, Katja: Schaut, wie wir die Welt wahrnehmen. Autismus, ADHS und aggressives Verhalten verstehen – Tipps und Materialien für die ganze Klasse. PERSEN Verlag 2023.

Wissenswertes

Unter https://www.watson.de/leben/watson-kolumne/340017760-hochbegabt-asperger-und-adhs-wie-normal-funktioniert-habe-ich-nie-verstanden (21.06.2022, 10:34) schreibt Denise Linke, studierte Politikwissenschaftlerin und Autorin, zweiwöchentlich über ihr Leben mit ASS und ADHS.

Videos

Unter https://www.zdf.de/kinder/stark/yannis-autist-und-hochbegabt-112.html oder https://youtu.be/FfQGtUvbBqA (21.6.2022, 10:18) findet sich ein toller Videobericht über Yannis, einen autistischen Jungen mit Hochbegabung.

Unter https://youtu.be/Vxh69Q5mpdY (15.07.2022, 16:00) kann man Francesca, ein Mädchen mit ASS, in ihrer ganz eigenen Welt begleiten.

Unter https://www.youtube.com/watch?v=R_-lMUSx2Gg (15.07.2022, 16:05) wird sehr kindgerecht und in Zeichentrickform erklärt, was es mit ASS auf sich hat. Sehenswert!

Aufmerksamkeitsdefizit-Hyperaktivitätsstörung (ADHS)

Gut zu wissen

In diesem Kapitel erfahren Sie, wie Sie Aufmerksamkeit und Konzentration fördern und Beziehungsarbeit leisten können.

Wussten Sie, dass…

Es gibt heute mehr Kinder mit einer ADHS-Diagnose als noch in den 1980er- und 1990er-Jahren. Das ergibt sich aber nicht aus einer tatsächlichen Häufung der Krankheitsfälle, sondern aus der Zunahme an Diagnosen. Zum einen liegt das daran, dass die Diagnostik verfeinert wurde und weiterhin erweitert wird. Zum anderen hat sich das Interesse der Öffentlichkeit an ADHS als Verhaltensauffälligkeit geändert. In Zeitungsartikeln, Fernsehberichten und auf Elternabenden wird ADHS verstärkt zum Thema und ist den meisten Eltern geläufig. Es entsteht fast der Eindruck, dass in Gesprächen, auf dem Spielplatz, im Austausch in Internetforen, mittlerweile schnell von *ADHS* gesprochen wird, wenn ein Kind etwas unaufmerksamer, zappeliger und lauter ist als seine Altersgenossen. Studien konnten keinen Zusammenhang zwischen den verbreiteten Erklärungsversuchen vom steigenden Fernseh- und Medienkonsum sowie zu viel Junkfood oder auch zunehmender *Erziehungsinkompetenz* von Eltern feststellen. ADHS ist erwiesenermaßen ein Krankheitsbild, das angeboren ist oder sich direkt nach der Geburt entwickelt und schon vor dem sechsten Lebensjahr auftritt.

Da gerade diese Verhaltensauffälligkeit negativ konnotiert ist, ist es wichtig aufzuklären, Stärken hervorzuheben und Abhilfe zu schaffen. Prominente, die offen mit ihrer Diagnose umgehen, sind Jamie Oliver oder die Profitennisspielerin Serena Williams.

Rechtliche Feinheiten §

Schülerinnen und Schüler mit ADHS haben keinen Anspruch auf eine Schulbegleitung oder einen Nachteilsausgleich. Die Förderung der Schülerinnen und Schülern liegt allein in der Verantwortung der jeweiligen Schule bzw. der jeweiligen Lehrkraft. Zu beachten ist, dass manche Kinder aufgrund ihrer ADHS das Medikament Ritalin® einnehmen. Diese Tabletten fallen unter das Betäubungsmittelgesetz. Deshalb dürfen diese auf einem Ausflug oder einer Klassenfahrt nur mit einer speziellen schriftlichen Erlaubnis verabreicht werden. Auch benötigen Sie für die Verabreichung eine schriftlich formulierte Anweisung von einer Ärztin / einem Arzt. Halten Sie hierzu auf jeden Fall auch Rücksprache mit Ihrer Schulleitung.

Verhaltensweisen auf einen Blick oder: Kein vorsätzliches Verhalten

In Deutschland sind 300 000 bis 700 000 Kinder von einer Aufmerksamkeitsstörung betroffen. Dabei unterscheidet man zwei Kindertypen: den vorwiegend hyperaktiv-impulsiven Typ und den vorwiegend aufmerksamkeitsgestörten Typ. Bei manchen Kindern liegt eine Mischform vor und sie weisen Verhaltensweisen beider Typen auf. In der Regel haben Sie in Ihrer Lerngruppe mindestens eine/-n, eher sogar zwei Schülerinnen oder Schüler mit einer ADHS. Die frühere Darstellung AD(H)S mit Klammer wird im Übrigen nicht mehr vorgenommen. Das *H* steht entweder für *Hyper*aktivität beim impulsiven und für *Hypo*aktivität beim ruhigen Typ.

Folgende mögliche Verhaltensweisen sind mir in meiner Tätigkeit als Lehrerin durch Beobachtung und den Austausch mit Betroffenen und im Kollegium aufgefallen. Diese könnten sicherlich ergänzt werden und treffen in ihrer Gesamtheit nicht auf alle Kinder mit der Besonderheit zu, bieten jedoch eine erste Annäherung.

Das Kind ...

- hat meist eine kürzere Konzentrationsspanne.
- ist weniger aufmerksam.
- ist leicht ablenkbar.
- hat einen übermäßigen Bewegungsdrang.
- neigt zu Impulsivität.

(Hyperaktivität)

- ermüdet oder langweilt sich schnell.
- wirkt abwesend und verliert sich in Tagträumereien.

(Hypoaktivität)

Daraus können sich negative Folgen für die soziale Integration des Kindes ergeben.

Insbesondere durch eine ausgeprägte Impulsivität und Hyperaktivität, welche mit einem Nähe-Distanz-Problem einhergehen kann, kann das Kind in eine Außenseiterposition geraten. Und auch für Sie als Lehrkraft ist das Verhalten eines hyperaktiven Kindes herausfordernd. Behalten Sie jedoch stets im Hinterkopf: Regelverstöße erfolgen bei Kindern mit einer ADHS weniger aus Vorsatz als aus Unachtsamkeit.[1] Ein weiterer interessanter Aspekt ist, dass Kinder mit einer ADHS über einen hohen Gerechtigkeitssinn verfügen.

Nicht jedes Kind, das wild ist oder viel träumt, hat eine Konzentrationsschwäche. Im Grundschulalter ist es völlig normal, dass ein Kind phasenweise unruhiger oder unaufmerksamer ist als sonst. Eine ADHS liegt nur dann vor, wenn schon vor dem zwölften Lebensjahr Auffälligkeiten vorhanden waren, diese über einen Zeitraum von mehr als sechs Monaten und in mindestens zwei Lebensbereichen, z. B. in der Schule und im Elternhaus, auftreten. Sie ist nicht *heilbar* und wird die Person auch im Erwachsenenalter noch begleiten. Sie kann aber therapiert und ggf. auch medikamentös behandelt werden, sodass ein Zurechtkommen im Alltag und ein Zusammenleben mit anderen konfliktfrei möglich ist.

[1] vgl. Berger, Holubowsy, Wayàn (2023): S. 35.

Tipps für den Umgang

Perspektivwechsel

Kinder mit ADHS fordern ihr Umfeld durch ihr besonderes Verhalten heraus. Sehr schnell geraten Kinder, Eltern, Betreuer und Lehrkräfte in einen Teufelskreis. Das Verhalten des Kindes führt zu einer Ermahnung, das Kind setzt sein Verhalten fort, es erfolgt eine erneute Ermahnung und schließlich reagiert das Gegenüber unwirsch, laut, mit harten Sanktionen. Da das Verhalten des Kindes immer wieder in derselben Form auftaucht, ist das Stresslevel aller Beteiligten erhöht und es kommt in Folge immer schneller zu unguten Situationen. Es liegt in der Natur der Sache, dass die *negativen* Momente eher im Bewusstsein bleiben als die Situationen, in denen das Kind sich so verhält, wie es *erwartet* wird oder sich besonders positiv hervorhebt. Das ist schade, weil der Fokus somit ausschließlich auf dem Problemverhalten liegt. Deshalb ist es wichtig, dass Sie sich ganz bewusst immer wieder die positiven Eigenschaften des Kindes vor Augen führen. Dadurch geht es keineswegs darum, die bestehenden Probleme in ein rosa Brillenglas zu tauchen und kleinzureden, aber indem sie ihre negative Sichtweise ab und zu korrigieren, können Sie ihm phasenweise wieder unbefangener und freundlicher gesinnt gegenübertreten:

- Kinder mit einer ADHS sind oftmals sehr hilfsbereit. Weisen Sie ihnen Klassendienste zu, bei denen sie sich bewegen und dabei etwas für die Gemeinschaft tun, z. B. Blumendienst, Austeildienst.
- Der Gerechtigkeitssinn von Kindern mit einer ADHS ist stark ausgeprägt. Setzen Sie es deshalb als Schiedsrichter bei Spielen im Sportunterricht ein.
- Achten Sie auf Kleinigkeiten oder *Selbstverständlichkeiten*, wenn es z. B. pünktlich am Platz sitzt, seinen Stuhl hochstellt oder die Tür leise schließt.
- Reagieren Sie sofort mit einer nonverbalen Geste, z. B. einem freundlichen Blick oder einem Daumen-hoch-Zeichen.
- Sammeln Sie positive Momente: Machen Sie sich eine kurze Notiz, wenn das Kind etwas besonders gut gemacht hat, Sie gemeinsam einen schönen Moment hatten. Melden Sie es ihm in einem Gespräch oder auf einer Karte und ab und zu auch in einem Elterngespräch zurück.
- Wichtig: Rechnen Sie die positiven Erlebnisse nicht mit negativen auf, z. B. anstatt der Aussage: *Es ist toll, dass du deinen Tisch so schnell aufgeräumt hast, aber danach warst du ja sehr laut,* formulieren Sie ein ausschließliches Lob: *Es war toll, dass du deinen Tisch so schnell aufgeräumt hast.*

Aufmerksamkeit fördern durch die *richtige* Platzwahl

In erster Linie sollte es darum gehen, die Aufmerksamkeit des betroffenen Kindes zu fokussieren und die Reize, die von außen kommen, *machbar* zu gestalten. Sie können beispielsweise durch räumliche Maßnahmen eine Verbesserung der Situation erreichen. Sprechen Sie in jedem Fall zuvor mit dem jeweiligen Kind.

Hier ein paar Tipps, die helfen können:

Tipps für den Umgang

- Ein Tisch in der Nähe des Lehrerpults bietet sich an. So ist das Kind im Optimalfall durch einen direkten Sichtkontakt weniger abgelenkt. Auch können Sie störendes Verhalten schnell, leise und vor allem auch von den anderen Kindern unbemerkt unterbinden. Alternativ können Sie das Kind phasenweise auch an Ihrem Pult arbeiten lassen.
- Optimal ist, wenn Sie den Tisch des Kindes mit Blickrichtung zur Wand stellen. Das ist allerdings nicht sinnvoll, wenn Sie häufig frontale Unterrichtsphasen haben und sich das Kind dann permanent drehen muss. Dann ist gemeinsam zu überlegen, ob der Stuhl während der Arbeitsphasen von der Klasse weggedreht werden sollte.
- Es kann sich anbieten, das Kind neben ein ruhigeres Kind, das sich nur schwer ablenken lässt, zu setzen. In jedem Fall sollte mit beiden Kindern zuvor gesprochen werden.

Spezialtipp aus der Praxis:

Vermeiden Sie, dass das betroffene Kind sich *bestraft* fühlt, wenn es an einem Einzeltisch und / oder vorne sitzen soll. Vermitteln Sie dem Kind in einem Gespräch unbedingt, dass Sie ihm helfen möchten, damit es sich besser konzentrieren und somit besser lernen kann.

Konzentration fördern

Hyperaktive Kinder können lernen, ihre Konzentrationsspanne zu verlängern. Machen Sie sich dieses Wissen zunutze und unterstützten Sie die jeweiligen Kinder in Ihrer Klasse:

- Arbeiten Sie mit Übungen aus der Progressiven Muskelentspannung.
- Halten Sie Angebote für *Bilddiktate* bereit. Dabei beschreiben Sie mündlich eine Szene, z.B. *Male ein Quadrat. Platziere in die Mitte einen Kreis. Dieser ist rot. Rechts davon kommt ein grünes Viereck* usw.
- Setzen Sie unbedingt Mandalas in Ihrem Unterricht ein. Diese haben erwiesenermaßen einen sehr positiven Effekt auf Kinder mit ADHS. Hierbei geht der Blick des malenden Kindes immer wieder zur Mitte und es konzentriert sich so unbewusst auf seine eigene Mitte. Es entspannt sich und ist eine Weile ganz vertieft in eine Sache.

Bewegter Unterricht

Helfen Sie dem Kind, seinen Bewegungsdrang moderat auszuleben und ihn zu kanalisieren.

- Sehr geeignet sind Bewegungsgeschichten, da neben der Konzentration die Bewegungsfreude hyperaktiver Kinder berücksichtigt wird. Bei vorab besprochenen Signalwörtern müssen die Kinder beispielsweise eine Bewegung ausführen, z.B. klatschen, stampfen, hüpfen.
- Legen Sie Arbeitsblätter im Klassenraum aus und lassen Sie diese von den Kindern selbstständig abholen. Auch ist es möglich, das betroffene Kind die Arbeitsblätter austeilen zu lassen.
- Einige Lerninhalte, wie z.B. Gedichte oder Malreihen, lassen sich besser sprechen und merken, wenn man währenddessen durch den Klassenraum geht.
- Lassen Sie das Kind während des Lernens einen Antistressball kneten. Dann wird es seltener an Mäppchen und Co. *herumspielen*.
- Lassen Sie das Kind nach einer langen Arbeitsphase oder nach einer Klassenarbeit auf dem Flur laufen, die Treppe hochlaufen usw.
- Geben Sie der oder dem Betroffenen immer wieder eine *bewegte Aufgabe* (z.B. Tafelputzen, Kreideholen).
- Bauen Sie regelmäßige Bewegungspausen ein, in denen Sie ein paar gymnastische Übungen machen, ein Bewegungslied singen, die Kinder durch den Klassenraum hüpfen oder die *Turnklassiker* Kniebeugen, Liegestütz, Hampelmann und Co. absolvieren.

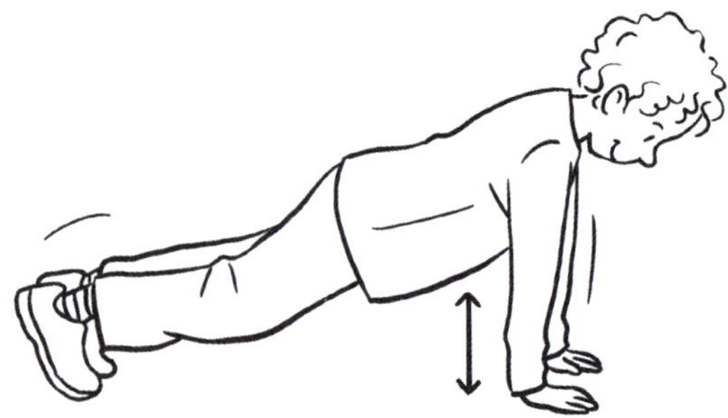

- Lassen Sie unauffällige und leise Nebentätigkeiten und Bewegungen einfach zu, z.B.: Stifte anspitzen. Diese verursachen in der Regel keinen allzu großen Lärm und haben ein geringes Ablenkungspotenzial für andere Kinder. Dadurch ersparen Sie sich permanentes Ermahnen und unnötige Streitereien.
- Warum nicht im Stehen arbeiten, wie z.B. die Menschen am Bankschalter? Über ihren Tisch gebeugt oder am Fenstersims können Stillarbeiten genauso gut erledigt werden. Um Rückenprobleme zu vermeiden, bietet sich der Einsatz von Stehpulten ein. Währenddessen können die Kinder auf den Zehen wippen oder sich auf die Zehenspitzen stellen.
- Leseaufgaben können auf dem Boden liegend erledigt werden. Dabei können die Kinder ihre Beine bewegen.
- Alternativ können die Leseblätter auf Klemmbretter befestigt werden und es kann nebenher herumgegangen werden.
- Die Kinder können mit einem Kissen unter dem Oberkörper bäuchlings unter ihrem Tisch liegen. Die Beine können nebenher bewegt oder angewinkelt in die Luft gehalten werden.

Tipps für den Umgang

Hyperaktive Kinder können auf speziellen Möbeln kippeln, sich strecken und / oder herumrutschen. Schauen Sie sich einmal um: Neben einem wippenden Hocker, Sitzkeilen, Sitzwürfeln aus Schaumstoff oder mit Luft gefüllten Stuhlkissen finden sich Sitz- und Gymnastikbälle. Ich empfehle, nur ein paar wenige Exemplare anzuschaffen und diese nicht permanent anzubieten, da die ständige Bewegung andere Schülerinnen und Schüler und mitunter auch die Lehrkraft selbst stören kann.

Lernen strukturieren: Aufgaben im Unterricht

Offene Unterrichtsformen wie Werkstattunterricht, Wochenplanarbeit und Projektphasen können Kinder mit ADHS aufgrund vieler parallel ablaufender Tätigkeiten, Wahlmöglichkeiten sowie eines erhöhten Lärmpegels überfordern. Eine ruhige Arbeitsatmosphäre ist Grundvoraussetzung dafür, dass ein Kind mit ADHS sich auf sich selbst und seine Arbeit konzentrieren kann. Besorgen Sie Kopfhörer, die Sie ausgeben können, wenn es im Unterricht etwas wuselig wird.

Es gibt weitere Kniffe, mit denen man die Kinder hier unterstützen kann. Hier folgen einige Tipps zum praktischen Umgang:

- In offenen Unterrichtsphasen sollten Sie dem betroffenen Kind Anleitungen an die Hand geben, z. B.: *Beginne mit Station 1.*
- Die Aufgabenanzahl sollte reduzierter erfolgen oder eine Reihenfolge für die Bearbeitung der Stationen / Aufgaben vorgegeben werden.
- Mündliche Ankündigungen, die Sie direkt an das Kind richten, erleichtern ihm zu erkennen, wenn eine Phase endet, z. B.: *Mache Aufgabe 1b zu Ende und komm dann in den Sitzkreis.*
- Bauen Sie Rituale in Ihren Unterricht ein. Immer wiederkehrende gleiche Abläufe bietet den Kindern Sicherheit.
- Es kann ermüdend sein, Anweisungen für Aufgaben, die immer gleich ausgeführt werden sollen, wiederholen zu müssen. Versuchen Sie es deshalb mal mit Checklisten. So hat das Kind einen Überblick und kann immer wieder nachschauen, wenn es nicht mehr weiterweiß, z. B. ist eine Liste für das Packen des Schulranzens sehr empfehlenswert. Diese könnte über den Schreibtisch gehängt werden.
- Vermeiden Sie langwierige Erklärungen und Schachtelsätze. Geben Sie kurze, knappe Anweisungen.
- Kennzeichen Sie Übergänge eindeutig. Nutzen Sie hierzu z. B. ein akustisches Signal wie das Läuten einer Glocke, wenn Sie eine Stillarbeit beenden. Lassen Sie alternativ einen Wecker klingeln.
- Vereinbaren Sie mit dem Kind feste Pausenzeiten, wenn eine längere Arbeitsphase ansteht, z. B. zehn Minuten Pause nach 30 Minuten Arbeit. Geben Sie ihm ein Handzeichen, dass es kurz aufstehen und den Klassenraum verlassen darf.
- Vereinbaren Sie ein nonverbales Zeichen, mit dem Sie das Kind daran erinnern weiterzumachen, wenn es sich an Nebentätigkeiten aufhält.
- Kleben Sie ein Uhrensymbol als Merkhilfe auf den Tisch.

- Stellen Sie hierzu eine Uhr bzw. einen Timer auf einem Smartphone oder Tablet und geben Sie dem Kind das entsprechende Zeitfenster, z.B. *Für diese Aufgabe hast du zehn Minuten Zeit.* Wenn der Wecker klingelt, erfolgt eine Kontrolle Ihrerseits.

Tipp aus der Praxis:

Wenn Sie mit der Timermethode arbeiten, so stellen Sie die Zeit zunächst großzügig ein, um die Motivation hochzuhalten, wenn das Kind es schafft. Ist die Timermethode etabliert, verkürzen Sie die Zeitspanne immer mehr. Möglicherweise können Sie nach einer Weile auch die sofortige Kontrolle aufgeben, sofern das Kind seine Aufgaben zuverlässig(er) erledigt.

Die meisten Kinder mit einer ADHS reagieren positiv auf bildunterstützendes Lernen.

- Halten Sie Bildkarten, z.B. Schere, Klebstoff, zur visuellen Unterstützung von mündlichen Arbeitsanweisungen *Wir wollen basteln. Holt Schere und Klebstoff heraus!* bereit.
- Eine großartige Orientierungshilfe für Kinder mit einer Aufmerksamkeitsstörung ist es, die Reihenfolge der Aktivitäten an einem Schultag mithilfe von Bildern an der Tafel darzustellen. Kennzeichnen Sie mit einem Pfeil oder einem Magnet die jeweilige Unterrichtsphase. So können die Kinder sehen, an welcher Stelle im Vormittag sie sich befinden und wie viele Aktivitäten noch anstehen.
- Machen Sie sich dieses Wissen auch zunutze, indem Sie bei Sachaufgaben an Skizzen denken oder in Deutsch z.B. die Wortarten mit Symbolen kennzeichnen.

Es bietet sich an, dass jedes Unterrichtsfach eine eigene Farbe bekommt. Hefte, Ordner und auch Ablagen für Diktathefte, Wochenplanaufgaben usw. sind in dieser Farbe gekennzeichnet. Auf dem Stundenplan sind die Fächer entsprechend farbig markiert.

Lernen strukturieren: Hausaufgaben vorbereiten

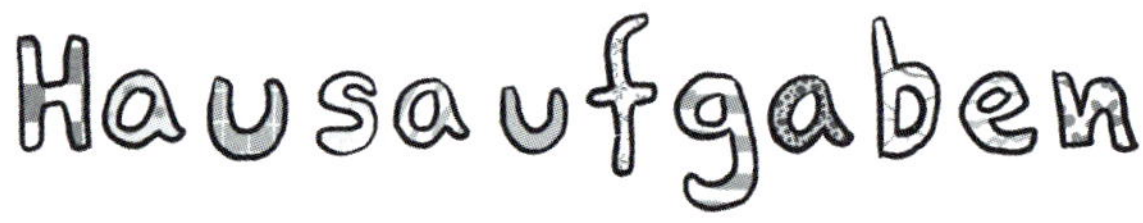

- Notieren Sie die Hausaufgaben immer am selben Ort, z.B. auf der rechten Seitentafel. Dort wird nichts anderes notiert. Vielleicht unterstützen Sie das Ganze durch eine spezielle *Hausaufgaben-Kreidefarbe*?
- Beginnen Sie das Aufschreiben der Hausaufgaben immer mit demselben Satz, z.B. *Die Hausaufgaben sind …*

Aufmerksamkeitsdefizit-Hyperaktivitätsstörung (ADHS)

Tipps für den Umgang

- Achten Sie darauf, dass Sie die Hausaufgaben mit etwas Abstand zur Pause notieren. So können Sie relativ sicher sein, dass es im Klassenraum nicht allzu hektisch und laut ist, weil die ersten Kinder schon nach draußen stürmen, was für ablenkungsbereite Mädchen und Jungen sehr ungünstig wäre.
- Während die Klasse die Hausaufgaben abschreibt, kann es hilfreich sein, wenn Sie sich hinter das entsprechende Kind stellen und dieses ggf. (unauffällig) daran erinnern, die Hausaufgaben abzuschreiben.
- Kommt es immer wieder vor, dass ein Kind mit ADHS die Hausaufgaben (teilweise) vergisst, so kann ein Kontrollsystem hilfreich sein.
- Bitten Sie das Kind täglich zu sich nach vorne, um die Hausaufgabennotiz auf Vollständigkeit zu kontrollieren (ggf. auch zu unterschreiben). Nehmen Sie sich phasenweise aus der ständigen Kontrollfunktion heraus. Bauen Sie doch beispielsweise beim Eintragen der Hausaufgaben auf die gegenseitige Hilfe und Kontrolle der Schülerinnen und Schüler. Lassen Sie die Kinder fünf Minuten vor Ende des Schultages die Hausaufgabenhefte austauschen. Ist ein Eintrag unvollständig, so weisen die Mädchen und Jungen sich gegenseitig darauf hin. Dieses Ritual wird nicht nur den aufmerksamkeitsschwachen Kindern zugutekommen.

Spezialtipp aus der Praxis:

Integrieren Sie die Eltern des Kindes in Bezug auf die Hausaufgaben. So sollen diese täglich mit ihrem Kürzel oder einem Haken im Hausaufgabenheft anzeigen, dass Sie die Hausaufgaben zur Kenntnis genommen habe. Zum anderen sollen Sie die Zeitdauer notieren, die das Kind für seine Hausaufgaben benötigt hat. Gab es spezielle Vorfälle oder evtl. auch eine Verweigerung beim Arbeiten, ist es hilfreich, auch das zu vermerken.

Buch- und Materialtipps

Kinderbücher:

Freudiger, Anja: Mein großer Bruder Matti: Kindern ADHS erklären. BALANCE buch + medien verlag 2012.

Hageneder, Maria: Ratzfatz: Vom Zappeln, Wuseln, Wetzen und Flitzen. TYROLIA 2017.

Zeyen, Hanna: Phil, der Frosch. Ein Buch für Kinder mit ADHS, ihre Freundinnen und Freunde und alle, die sie gern haben. Hogrefe Verlag 2016.

Jagnow-Bögershausen, Christa: Lina Träumelina: Warum bin ich anders? Ein Leben mit ADS ohne Hyperaktivität. Ein Buch für Grundschulkinder, Eltern und Lehrer, BoD 2019.

Leseherz, Lilly: Der Traumseelenfänger: Ein Mutmachbuch für alle mit ADS. Elysion Books 2023.

Rietzler, Stefanie: Lotte, träumst du schon wieder? Hogrefe Verlag 2020.

Materialien zur Unterstützung Ihres Unterrichts:

Holl, Annette: Schwungvolle Ideen für bewegtes Lernen. Ein Material für mehr Bewegung im Unterricht ab Klasse 2. Lernbiene 2018.

Rosengarten, Johannes: Mandalas – Entspannung, Ruhe und Harmonie. Arena: 2011. (Von diesem Autor gibt es mehrere Mandala-Bücher und Blöcke).

Unter https://mhh-kinderklinik.de/index.php/unsere-klinik/gastroenterologie-hepatologie/item/download/46_9b020b359d0412be8113793e9b8a6091 (10.07.2022, 10:20) finden Sie eine genaue Anleitung zur Durchführung einer Muskelentspannungsübung für Kinder.

Berger, Natascha; Holubowsky, Lena; Wayan, Katja: Schaut, wie wir die Welt wahrnehmen. Autismus, ADHS und aggressives Verhalten verstehen – Tipps und Materialien für die ganze Klasse. PERSEN Verlag 2023.

Videos:

Unter https://youtu.be/mc3sUvByyCY (15.7.2022, 15:58) finden Sie ein Video, indem Sie gemeinsam mit Ihrer Lerngruppe Einblick in den Alltag von Jonathan, einem Kind mit ADHS, erhalten

Gut zu wissen

In diesem Kapitel erfahren Sie, wie Sie einer Unterforderung und möglichen Leistungsverweigerung vorbeugen können.

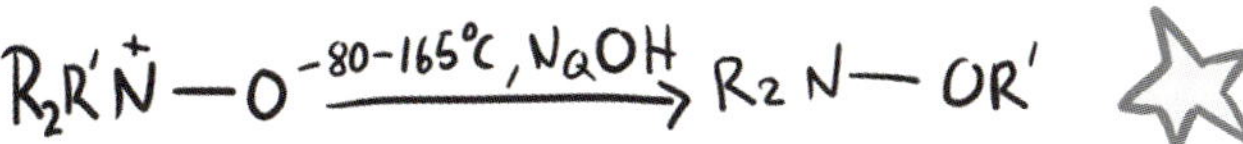

Wussten Sie, dass...

Während im Englischen sehr gezielt die unterschiedlichen Grade der Hochbegabung benannt werden – von *gifted* über *highly gifted, exceptionally gifted, profoundly gifted* bis hin zu *extraordinarily gifted* – gibt es im Deutschen lediglich zwei Unterscheidungen: Ein Mensch, der einen IQ von über 130 hat, gilt als *hochbegabt*, bei einem IQ von über 145 nennt man diesen *höchstbegabt* oder *extrem hoch begabt*. Das trifft auf etwa 2 % der deutschen Bevölkerung zu. Wussten Sie, dass beispielsweise Arnold Schwarzenegger einen IQ von 145 hat? Oder dass der Mr.-Bean-Darsteller Rowan Atkinson mit einem IQ von 178 eine absolute Intelligenzbestie ist?

Rechtliche Feinheiten

Es gibt keine speziellen schulgesetzlichen Vorgaben für den Umgang mit (hoch)begabten Schülerinnen und Schülern. Die Möglichkeiten der frühzeitigen Einschulung und des Überspringens einer Klassenstufe sind in allen Bundesländern gegeben. Aus dem Anspruch der individuellen Förderung, die allen Kinder zuteilwerden soll, lässt sich allerdings ableiten, dass hochbegabten Kindern entsprechende Angebote gemacht werden sollten.

Verhaltensweisen auf einen Blick oder: Langeweile durch Unterforderung

Die immense Intelligenz eines hochbegabten Kindes zeigt sich oftmals nicht auf den ersten Blick. Es kann vorkommen, dass es vordergründig in einem Bereich eine überdurchschnittliche Begabung zeigt, z. B. im logischen Denken, im sprachlichen oder im musisch-künstlerischen Bereich. Auch ist es nicht selten der Fall, dass hochbegabte Kinder die Mitarbeit verweigern und in Klassenarbeiten mit schlechten Ergebnissen abschneiden. Hierfür gibt es einen Erklärungsansatz:

Verhaltensweisen auf einen Blick oder: Langeweile durch Unterforderung

„Wenn Aufgaben in einer Klassenarbeit zu leicht sind, such[t das hochbegabte Kind] die Schwierigkeit in der Aufgabenstellung, weil [es] sich nicht vorstellen [kann], dass nur ganz einfache Zusammenhänge abgefragt werden."[1]

Außerdem kann mit einer Hochbegabung ein langer Leidensweg einhergehen, da die entsprechende Person in ihrer Wissbegierde immer wieder ausgebremst wurde / wird.

Folgende mögliche Verhaltensweisen sind mir in meiner Tätigkeit als Lehrerin durch Beobachtung und den Austausch mit Betroffenen und im Kollegium aufgefallen. Diese könnten sicherlich ergänzt werden und treffen in ihrer Gesamtheit nicht auf alle Kinder mit der Besonderheit zu, bieten jedoch eine erste Annäherung:

- Der Wortschatz des hochbegabten Kindes ist dem der Klassenkameradinnen und -kameraden deutlich überlegen.
- Es spricht sehr eloquent und in *Erwachsenenmanier*.
- Neuen Lernstoff erfasst es immens schnell.
- Seine Fragen gehen oft über den aktuellen Lernstoff hinaus.
- Das Kind löst Wiederholungsaufgaben, z.B. Übungen, Lückentexte, widerwillig oder verweigert sie teilweise ganz. Wenn es sie bearbeitet, dann in der Regel sehr schnell, unter Umständen mit kleinen Flüchtigkeitsfehlern.
- Ist eine Aufgabenstellung schwierig, so wird sie schnell, aber sorgfältig und in der Regel fehlerfrei bearbeitet.
- Zeitweise kann das betroffene Kind im Unterricht abwesend wirken. Wird es aufgerufen, weiß es meist dennoch, woran die Lerngruppe arbeitet, und kann die richtige Antwort geben.
- Manche Kinder mimen den *Klassenclown*, weil ihnen schlichtweg langweilig ist und sie im Unterricht *nichts anderes zu tun haben*.
- Hausaufgaben werden oft widerwillig erledigt, da diese oft keine neue Herausforderung darstellen.
- In Klassenarbeiten lässt das hochbegabte Mädchen oder der hochbegabte Junge Fragen teilweise komplett weg.
- Das Kind arbeitet scheinbar am liebsten in Einzelarbeit.
- In der Pause und im Sportunterricht macht es ungern (laute) Gruppenspiele.
- Dinge, die das Kind weniger gut kann, versucht es zu vermeiden.

---

[1] Hochbegabte erkennen und fördern (2017): https://www.magazin-schule.de/magazin/hochbegabte-erkennen-und-foerdern/

Tipps für den Umgang

Hochbegabte Kinder wollen vieles wissen und oftmals stellen Sie schon im jungen Alter Fragen, auf die Sie keine Antwort haben! Tun Sie dann auf keinen Fall so, als wüssten Sie Bescheid. Bleiben Sie authentisch und geben Sie offen zu, wenn sie eine Frage nicht beantworten können. Lassen Sie das Kind bis zum nächsten Tag die Antwort selbstständig recherchieren.

Aus diesen möglichen Verhaltensweisen lassen sich drei Schwerpunkte ableiten, die Sie in Ihrem Unterricht berücksichtigen können, um das hochbegabte Kind in Ihrer Klasse zu unterstützen.

Qualität statt Quantität

Um ein hochbegabtes Kind zu fördern, braucht es mehr als einfach nur zusätzliche Übungsaufgaben, wie z. B. ein zweites Arbeitsblatt mit ähnlichen Rechenaufgaben. Dies führt erfahrungsgemäß dazu, dass das Kind rasch die Motivation verliert und im schlimmsten Fall eine Weiterarbeit komplett verweigert. Folgende Impulse können Sie in Ihrem Unterricht integrieren:

- Bieten Sie dem Kind schwierigere, komplexere Aufgaben an als seinen Klassenkameradinnen und -kameraden. Sie sollen den aktuellen Lernstoff vertiefen, aber nicht dieselben Lerninhalte wiederholend aufgreifen.
- Bieten Sie dem Kind eher Sach- und Knobel- als Übungsaufgaben an. Legen Sie sich hierfür beispielsweise eine Kartei mit Knobelaufgaben für den Mathematikunterricht zu.
- Ein Kind mit mathematischer Begabung kann die Zahlenraumerweiterung sowie das Erlernen der Multiplikation und Division mit entsprechendem Material selbst vornehmen.
- Warum nicht schon in der Grundschule ein wenig Wahrscheinlichkeitsrechnung anbieten? Ihr hochbegabtes Kind hat sicherlich Freude daran.
- Erlauben Sie dem Kind das Weglassen von Zwischenschritten oder auch Skizzen, wenn es auf direktem Weg zu einer Lösung gelangt. Fordern Sie aber immer wieder ein, dass es Ihnen mündlich erklärt, wie es zum Ziel gelangt ist.
- Lassen Sie das Kind an einem Projekt arbeiten, das über den aktuellen Schulstoff hinausgeht bzw. diesen vertieft, z. B. das Kennenlernen eines Mathematikers oder einer Künstlerin, zu deren Werken im Kunstunterricht gemalt wurde.

Tipps für den Umgang

- In den Schulbüchern und Lehrplänen werden oftmals Zusatzthemen vorgestellt, die nicht verpflichtend sind. Vielleicht können Sie ab und zu ein solches für das hochbegabte Kind aufbereiten bzw. es selbstständig daran arbeiten lassen?
- Haben Sie das Gefühl, dass die aktuellen Lernthemen schon *sitzen* und das Kind gelangweilt ist, dann lassen Sie sich darauf ein. Bieten Sie ihm schon das nächste Thema an und lassen Sie es das Lernpensum des Schuljahres schneller durchlaufen.
- Planen Sie dann auf jeden Fall Alternativen für das zweite Schulhalbjahr ein, falls das Kind die verpflichtenden Inhalte schon erledigt hat.
- Das Bundesministerium für Bildung und Forschung schreibt regelmäßig Schülerwettbewerbe aus. Diese sind dazu gedacht, begabte und leistungsbereite Schülerinnen und Schüler zu fördern. Da ist bestimmt ab und zu etwas für das hochbegabte Kind in Ihrer Klasse dabei.
- Informieren Sie sich über Unterrichtsformen wie Freiarbeit, Werkstattlernen und Projektunterricht. Diese bieten die Möglichkeit, auf die unterschiedlichen Lernniveaus all Ihrer Schülerinnen und Schüler einzugehen und somit auch einen Raum für hochbegabte Kinder zu schaffen.
- Binden Sie das Kind vorübergehend in Ihre Lehrtätigkeit ein. So kann es z. B. als Expertenkind fungieren, wenn es sich in einem Themenbereich sehr gut auskennt. Dann können Kinder, die eine Frage haben, sich direkt an es wenden, um Hilfe zu bekommen. Dabei ist aber wichtig, dass es nur zeitweise passiert. Es ist keine Hilfslehrkraft, sondern weiterhin ein Kind, das in Ihrer Klasse ist. Das ist auch für sein Ansehen vor den Klassenkameradinnen und -kameraden wichtig.

Sie sind sehr engagiert und versuchen, für ihr hochbegabtes Kind in der Klasse zu sorgen. Dennoch ist es utopisch, dass sie dadurch Phasen der Unterforderung komplett vermeiden können. Das bekommt keine Lehrkraft hin. Sie dürfen es dem hochbegabten Kind zumuten, aushalten zu müssen, wenn es sich langweilt. Dies sollte nur nicht zum Dauerzustand werden.

Stellen Sie Alternativen zum kognitiven Lernen bereit

Ein Kind, dem das Lernen leicht von der Hand geht, ist nicht zwangsläufig gelangweilt. Sprechen Sie das beim Kind mal an und fragen Sie diesbezüglich auch in einem Elterngespräch nach. Möglicherweise ist das Kind zufrieden mit der Situation. Schlagen Sie dann ggf. vor, seine nicht vollständig ausgelasteten Ressourcen anderweitig zu nutzen:

- Nachmittagsaktivitäten wie eine AG im musischen, künstlerischen oder sportlichen Bereich
- Lektüre von Büchern, die für eine ältere Zielgruppe gedacht sind
- ein Abonnement eines Kinder-Wissensmagazins, z. B. Dein Spiegel, Zeit LEO, GEOlino Mini
- Vielleicht verfolgt das hochbegabte Kind das politische Tagesgeschehen sehr interessiert. Machen Sie sich das zunutze und lassen Sie es immer wieder als Klassen-Nachrichtensprecherin oder -sprecher den anderen die aktuellen Ereignisse näherbringen. Bestimmt kann es mithilfe eines

Plakates, einer PowerPoint®-Präsentation, eines YouTube®-Videos oder sonstigem das Ganze sehr motivierend und informativ gestalten.

- Es kann auch spannend sein, wenn das Kind über aktuelle Kunstausstellungen in der Stadt berichtet, Künstlerinnen und Künstler vorstellt o.Ä.
- Wie wäre es mit einem Leserbrief zu einem Zeitungsartikel, den das Kind besonders interessant fand?

Das Lerntempo erhöhen

Zeigt das Kind trotz Ihrer Bemühungen neben kognitiver Unterforderung auch Verhaltensauffälligkeiten, kann die frühzeitige Einschulung oder das Überspringen einer Klasse sinnvoll sein. Da Letzteres ein gravierender Eingriff in die Schullaufbahn ist, muss es in Absprache mit den Eltern und der Schulleitung genau geplant werden. Es ist außerdem sinnvoll, wenn es sich zunächst um eine vorläufige Maßnahme handelt, die ggf. wieder rückgängig gemacht werden kann. Nach einer vereinbarten Zeitspanne, wie z.B. zwei bis sechs Wochen, sollten Sie sich noch mal zusammensetzen und über den Verlauf der letzten Tage, das Erleben des Kindes sprechen und eine Rückmeldung der neuen Lehrkraft einholen.

Hier folgen ein paar Impulse, anhand derer eine solche Entscheidung zu treffen ist:

- Wird ein Kind frühzeitig eingeschult, zeigt es möglicherweise im sozialen Bereich im Vergleich zum Rest der Klasse Besonderheiten, da es noch jünger ist. Aber Unterforderung ist meist schlimmer als die / der Jüngste in der Klasse zu sein.
- Hat das Kind eine isolierte Begabung, dann ist zu überlegen, ob es in diesem Fach am Unterricht der nächsthöheren Klassenstufe teilnimmt. So kann es in seiner alten Klassengemeinschaft bleiben und lernt dennoch auf einem ihm angemessenen Niveau.
- Sinnvoll ist das Überspringen der zweiten Klasse. Das dritte Schuljahr bietet sich weniger an, weil dort viel neuer Stoff eingeführt wird und die Noten hinzukommen.
- Auch der Sprung von der dritten Klasse direkt in die weiterführende Schule kann nutzbringend sein.
- Wird deutlich, dass das Kind permanent unterfordert ist, keinen Kontakt zu seinen Schulkameradinnen und -kameraden hat und die Situation möglicherweise recht verfahren ist, dann ist zu überlegen, ob ein Schulwechsel auf eine Schule oder eine Klasse für Hochbegabte Sinn macht.
- In Deutschland gibt es verschiedene Institutionen, die sich auf die Förderung besonders begabter und interessierter Kinder spezialisiert haben. So gibt es Kinderakademien oder Kinderunis, z.B. die Hector-Akademien in Baden-Württemberg, die Kinder-Akademie Fulda, die Kinderunis in München, Bonn oder Tübingen, die zusätzlich zum Schulunterricht intellektuell anspruchsvolle Angebote in Form von Wochenendkursen anbieten. Informieren Sie die Eltern des Kindes darüber.

Spezialinteressen würdigen

Hochbegabte Kinder haben oftmals Spezialgebiete, in denen sie sich hervorragend auskennen. Zeigen Sie Interesse daran, indem Sie ihnen immer wieder den Raum bieten, an / mit ihren eigenen Themen zu arbeiten:

Tipps für den Umgang

- Vielleicht können Sie das Kind hierzu einmal ein Referat halten, eine PowerPoint-Präsentation vorbereiten oder ein Plakat gestalten lassen, um seine Klassenkameradinnen und -kameraden an diesem Wissen teilhaben zu lassen.
- Im Gegenzug sollten Sie klarmachen, dass ungeplante Vorträge, mit denen im Unterricht herausgeplatzt wird, die anderen stören oder auch überfordern und nicht zuletzt zeitlich nicht immer passen.
- Stellen Sie für Recherchen Kinderlexika und Sachbücher zur Verfügung.
- Wie wäre es, wenn Sie in Ihrem Klassenraum einen Zauberkasten oder ein Experimentierset bereithalten, mit dem das hochbegabte Kind sich phasenweise beschäftigen und / oder auch eine Vorstellung für seine Klassenkameradinnen und -kameraden vorbereiten kann?

Passen Sie die Testsituation an

- Streichen Sie die für das Kind zu einfachen Aufgaben aus einer Klassenarbeit. Es ist nämlich gut möglich, dass das geistige Energielevel beim betroffenen Kind so niedrig bleibt, dass Flüchtigkeitsfehler entstehen oder etwas nicht bearbeitet wird.
- Einigen Sie sich mit dem Kind darauf, dass es eine bestimmte Anzahl an Basisaufgaben erledigen muss, z.B. zwölf von 20 Einmaleinsaufgaben, und dann zur nächsten Aufgabe springen darf.
- Erhöhen Sie bei Sachaufgaben das Niveau: Erhöhen sie den Zahlenraum, entwickeln Sie Fragestellungen weiter usw.
- Halten Sie mehr Wahlmöglichkeiten bei den Aufsatzarten bereit.
- Die Länge und der Schwierigkeitsgrad der Diktate lassen sich ganz einfach erhöhen.
- Akzeptieren Sie es, wenn das Kind *nur* die Lösung einer Aufgabe festhält und auf die Zwischenschritte verzichtet. Bitten Sie es aber, Ihnen mündlich seinen Lösungsweg zu beschreiben.
- Bieten Sie leistungsstarken / hochbegabten Kindern zusätzlich zur normalen Klassenarbeit einen Test mit schwierigeren, vertiefenden Aufgaben an.

Buch- und Materialtipps

Kinderbücher zur Hochbegabung:

Bächtold Sidler, Sévérine: Malea stinkt die Langeweile. Bucher Verlag 2016.

Buis, Suzanne: Der Traumdenker. Ein Lese- und Arbeitsbuch über Hochbegabung, Hochsensibilität und Bilderdenken. Info3 Verlag 2019.

Schiwarth-Lochau, Margit: Maria, die Klassenbeste: Schule ist cool. Stockwärther Verlag 2021.

Materialtipps zur Unterstützung Ihres Unterrichts:

Holl, Annette: Praxisratgeber Binnendifferenzierung GS. Unterricht organisieren – Methoden anwenden – Stolperfallen vermeiden. Scolix 2021.

Unter https://www.hanisauland.de (24.11.2022, 15:26) sind Themen aus Politik, Kultur, Wirtschaft, Gesellschaft und Religion kindgerecht aufbereitet inklusive Arbeitsmaterialien zu finden. Diese bieten sich gut als Spezialaufträge für Ihre besonders begabten Kinder an.

Unter https://www.forumhochbegabung.de/includes/media/erste_hilfe_fuer_lehrer.pdf (24.11.2022, 15:26) finden Sie ein hervorragendes Dokument, das eine Vielzahl an Tipps zur gezielten Förderung Ihrer hochbegabten Schülerinnen und Schüler enthält.

Der Verein Mensa ist mit rund 16 000 Mitgliedern das größte deutsche Netzwerk für Hochbegabte. Lehrkräfte, Erzieher und Erzieherinnen können dort kostenfrei für drei Wochen einen sogenannten Begabungskoffer ausleihen. Dieser Koffer wird individuell für die Lerngruppe zusammengestellt und enthält anspruchsvolle Bücher und herausfordernde Spiele: https://www.mensa.de/kiju/begabungskoffer/ (15.04.2022, 8:04)

Unter https://primakom.dzlm.de/inhalte/daten-häufigkeit-wahrscheinlichkeit/zufall-und-wahrscheinlichkeit/material (25.07.2022, 15:50) finden Sie Unterrichtsvorschläge und -material, mit denen Sie die hochbegabten Schülerinnen und Schüler im Mathematikbereich qualitativ fördern können.

Videos

Unter https://www.youtube.com/watch?v=qEmfm3ytnRQ (26.07.2022, 15:42) findet sich ein schönes Video, das Hochbegabung in verschiedenen Altersstufen (Kind, Teenager, Erwachsener) zeigt.

Einrichtungen für Hochbegabte:

https://hector-kinderakademie.de/,Lde/Startseite (14.04.2022, 14:35)

https://www.kinderuni-muenchen.de (14.04.2022, 14:36)

https://www.kaf.de (14.04.2022, 14:37)

http://www.karg-stiftung.de (15.04.2022, 7:59) Hier finden sie eine Datenbank mit bundesweiten Adressen von Einrichtungen für Hochbegabte.

Gut zu wissen

In diesem Kapitel erfahren Sie, wie Sie positive Beziehungsarbeit leisten und den Beteiligungsdruck des Kindes mindern können.

Wussten Sie, dass…

Landläufig wird oft behauptet, dass Kinder, die nicht sprechen *doch einfach nur schüchtern sind* und dass sich das *schon irgendwann auswächst*. Dem ist nicht so, wenn es sich dabei um Mutismus-Diagnosen handelt. Das Wort Mutismus kommt aus dem Lateinischen: *mutus* = stumm. Die schärfste Form ist der totale Mutismus. Dabei verstummt eine Person nach einem traumatischen Ereignis komplett, aber *nur* zeitweise. Eine etwas mildere Form von Mutismus ist der *selektive Mutismus*. Eins von 140 Kindern unter acht Jahren, in der Mehrzahl Mädchen, leidet darunter. Es spricht außerhalb seiner Familie trotz intakter Sprech- und Hörorgane und einem normal entwickelten Sprachvermögen nicht. Es vermeidet in Gesellschaft außerdem den Blickkontakt und unterdrückt Laute, wie husten, lachen oder weinen. Diese Kinder sind im Hinblick auf ihre schriftlichen Leistungen nicht auffällig, die mündlichen Leistungen sowie die unterrichtliche Mitarbeit entfällt komplett. Im häuslichen Umfeld verhalten sie sich völlig ungezwungen.

Mutismus

Rechtliche Feinheiten

Kinder mit selektivem Mutismus haben keine Chance auf gute mündliche Noten. Deshalb wird häufig über einen Nachteilsausgleich, also das Aussetzen der mündlichen Note in einem Fach bzw. die Heranziehung alternativer Leistungsmessung nachgedacht. In manchen Quellen wird die Diagnose als seelische Behinderung bezeichnet, andere sehen sie als mündliches Äquivalent zur Lese-Rechtschreib-Schwäche mit entsprechendem Nachteilsausgleich. In einem Schulverwaltungsblatt des Niedersächsischen Kultusministeriums von 2008 wird die Diagnose *selektiver Mutismus* als Beispiel für „individuelle Leistungsfeststellung“[1] aufgeführt, aber nicht näher erläutert. Umstritten ist, ob den Kindern mit einem Nachteilsausgleich tatsächlich geholfen ist oder ob dadurch nicht eher eine Manifestation der Besonderheit gefördert wird.
Im Sinne einer lernförderlichen Atmosphäre sollte es in Ihrem Interesse sein, dem betroffenen Kind in Ihrer Lerngruppe eine bestmögliche Unterstützung in Abhängigkeit von der Ausprägung seiner Besonderheit zukommen zu lassen. Gehen Sie ins Gespräch mit seinen Eltern und wägen sie gemeinsam ab, ob ein Nachteilsaugleich von Vorteil oder eher hinderlich sein könnte. Wenn die Eltern ihn wünschen und / oder Sie diesen gutheißen, dann muss in der Klassenkonferenz darüber gesprochen werden.

[1] https://www.selektiver-mutismus.de/wp-content/uploads/2019/05/Auszug_Schulverwaltungsblatt_Mai_2008.pdf, 09.01.2023, 14:21.

Verhaltensweisen auf einen Blick oder: Es ist keine Frage des Wollens

„Die meisten mutistischen Kinder **wollen** sprechen, aber das empfundene Angstgefühl ist größer als der Wunsch zu sprechen."[2] Dieser Umstand verändert den Blick auf das mutistische Kind und macht ein pädagogisches Handeln mit Fingerspitzengefühl noch notwendiger.

Ein Kind mit selektivem Mutimus bleibt außerhalb seines familiären Umfelds, also bei Ihnen im Unterricht oder auch in der Freizeit, z. B. im Musikunterricht, dem Sportverein, stumm. Von seinen Eltern haben Sie in Gesprächen sicherlich schon zu hören bekommen, dass es daheim sehr viel spricht. Mitunter sogar unnatürlich viel, weil es möglicherweise *Nachholbedarf hat*, da es ja den Vormittag über schweigt. Ich selbst habe in meiner Schulpraxis ein selektiv-mutistisches Kind kennengelernt, das zu Hause sämtliche Lieder vorsang, die seine Klassenkameradinnen und -kameraden in der Schule lernten. Außerdem berichtete es sehr ausführlich von sämtlichen Unterrichtsstunden und konnte Gespräche mehr oder weniger im originalen Wortlaut wiedergeben. Immer wieder hört man, dass Kinder, die nicht mit Erwachsenen sprechen, *Trotzköpfe* seien, *die einfach nur ihren Willen durchsetzen möchten*. Nein, ein Kind, das an selektivem Mutismus leidet, wird seine Unfähigkeit vor und mit Personen außerhalb seines familiären Umfelds zu sprechen, nicht ablegen können, auch wenn es noch so oft angesprochen oder gar mit Druck vorgegangen, mit Konsequenzen gedroht oder mit Belohnungen gelockt wird.

Folgende mögliche Verhaltensweisen sind mir in meiner Tätigkeit als Lehrerin durch Beobachtung und den Austausch mit Betroffenen und im Kollegium aufgefallen. Diese könnten sicherlich ergänzt werden und treffen in ihrer Gesamtheit nicht auf alle Kinder mit der Besonderheit zu, bieten jedoch eine erste Annäherung. Das Kind ...

- ist im Unterricht komplett leise.
- äußert sich in Partner- oder Teamarbeiten nicht.
- spricht im Einzelfall mit ein, zwei ausgewählten Personen, zu denen es sehr, sehr großes Vertrauen hat oder schon sehr lange Kontakt pflegt.
- vermeidet möglicherweise Geräusche, wie niesen, husten oder sich räuspern.
- kompensiert oftmals die nicht vorhandene mündliche Beteiligung mit (sehr) guten schriftlichen Leistungen.

Es haben sich Schwerpunkte bewährt, mit denen Sie das selektiv mutistische Kind in Ihrer Klasse unterstützen können.

Akzeptieren und nonverbal in Kontakt mit dem Kind kommen

Keine Frage: Ein *stummes Kind* löst verständlicherweise zunächst einmal ein Gefühl von Irritation und Hilflosigkeit bei Ihnen aus. Als Lehrkraft ist es Ihr natürlicher Reflex, sein schweigsames, schüchternes Wesen *zu knacken*. Möglicherweise werden sie es aber auch durch zig gut gemeinte Aufforderungen, die tollsten pädagogischen Tricks und Kniffe nicht schaffen. Das oberste Ziel Ihrer Bemühungen – und der Anregungen in diesem Kapitel – ist es deshalb nicht, es doch endlich, endlich zum Sprechen zu

[2] https://www.rebuz.bremen.de/angebote/sprache-sprechen/mutismus-10775, 10.01.2023, 7:24.

bringen. Vielmehr soll es darum gehen, dass eine gute und vor allem vorurteilsfreie Stimmung zwischen Ihnen beiden herrscht. Je entspannter Sie das Ganze angehen, desto höher ist die Wahrscheinlichkeit, dass das Kind sich ihnen gegenüber offener zeigt:

- Akzeptieren Sie nonverbale Aktivitäten der Schülerin oder des Schülers, wie z. B. Kopfschütteln, ein zustimmendes Nicken oder auch das Aufschreiben einer Antwort als gleichberechtigt gegenüber mündlichen Äußerungen.
- Drängen Sie es nie, sich mündlich an einem Gespräch beteiligen zu müssen.
- Bauen Sie Brücken, indem Sie es z. B. das Ergebnis einer Rechnung mit den Fingern zeigen lassen oder indem es mittels eines Fingerzeigs erkennbar macht, mit wem es zusammenarbeiten möchte.
- Probieren Sie ganz behutsam eine Steigerung der *verbalen* Anforderungen an das Kind aus: Lassen Sie es ein Wort mit dem Mund formen, ohne es laut zu sagen, z. B. *Buch*, wenn es ein Wörterbuch benötigt, bitten Sie es, mit *Ja* oder *Nein* zu antworten.
- Arbeiten Sie mit vereinbarten Gesten oder auch Symbolkarten für regelmäßige Vorgänge.
- Legen Sie sich ein Briefbüchlein zu, in das Sie dem Kind von Zeit zu Zeit ein paar Zeilen hineinschreiben, ihm Fragen stellen. Das Kind antwortet dann und richtet ein paar Worte an Sie. Alternativ könnten Sie per E-Mail kommunizieren.
- Halten Sie lange Sprechpausen aus und sprechen Sie nicht zu früh für das Kind.
- Möglicherweise gelingt es Ihnen, über Lieder oder Sprechverse, dem Kind ein paar Töne zu entlocken. Dabei ist auch Summen denkbar. Suchen Sie am besten solche aus, die mit Bewegungen oder Gesten verbunden sind. So hat das Kind immer eine Art Rettungsanker: *Ich kann mich auch beteiligen, ohne etwas sagen zu müssen.*
- Kommentieren Sie es nicht, wenn es nicht mitsingt.

Wird ein Kind mit selektivem Mutismus in seiner Besonderheit nicht ernstgenommen, sondern im schlimmsten Fall noch zum Sprechen gedrängt oder aufgrund seiner Auffälligkeit gemieden oder gemobbt, so sind depressive Verstimmungen oder Angststörungen leider oftmals zusätzlich an der Tagesordnung.

Etablieren Sie ein Helferkind

Für jedes Kind sind Bezugspersonen und andere Kinder, denen es vertrauen kann, sehr wichtig. Für ein selektiv mutistisches Kind können positive Vertrauenserfahrungen sehr unterstützend wirken.

- Gibt es ein Kind, mit dem die betroffene Schülerin oder der betroffene Schüler gut auskommt? Dann achten Sie darauf, dass dieses Paar in Teamarbeiten möglichst oft zusammenarbeiten kann. Möglicherweise spricht es irgendwann sogar mit diesem Kind.

- Außerdem kann dieses Kind, wenn es damit einverstanden ist, dann auch als vermittelnde Person zwischen Ihnen und dem Kind fungieren und *für* dieses sprechen, Fragen vorbringen usw.
- Vielleicht gelingt es ihm mit der Zeit, in das Ohr des Helferkindes oder auch der Lehrkraft zu flüstern. Erlauben Sie ihm hierzu ggf. den Klassenraum zu verlassen.

Stärken Sie die soziale Interaktion des Kindes

- Geben Sie dem Kind sinnvolle Aufgaben in der Klasse, die leise ausgeführt werden können, z. B. Tafeldienst, Austeilen von Arbeitsblättern usw.
- Integrieren Sie das Kind selbstverständlich in Teamarbeiten. Hierbei kann es sich auch leise für die Plakatgestaltung, das Ausformulieren des Textes o. Ä. verantwortlich zeigen.
- Binden Sie das Kind in gemeinsame Handlungen ein. Lassen Sie es z. B. im Sportunterricht Geräte mit aufbauen, Kinder für ein Team auswählen – durch einen Fingerzeig ist dies auch nonverbal möglich.
- Falls das Kind im geschützten Rahmen des Klassenraums mutig geworden ist, leise gesprochen oder auch nonverbal interagiert hat, so können Sie versuchen, den Radius etwas zu erweitern. Vielleicht traut es sich, im Lehrerzimmer etwas für Sie abzuholen?

Auf stillem Weg zu mündlichen Noten

Ein wunder Punkt bei Kindern mit selektivem Mutismus sind die mündlichen Noten, die für die Zeugnisnoten relevant sind. Seien Sie kreativ, wenn es um die Leistungsmessung geht!

- Lassen Sie das Kind Präsentationen, Gedichtvorträge o. Ä. zu Hause als Video- oder Sprachnachrichten aufsprechen. Diese können Sie dann zur Benotung / Bewertung heranziehen.
- Vielleicht ist das Kind auch bereit, diese Dokumente vor der Klasse abspielen zu lassen? Das müssten Sie vorab abklären! Vielleicht möchte es währenddessen auch den Klassenraum verlassen?
- Lassen Sie ein anderes Kind als Vorleserin oder Vorleser bei den Hausaufgaben, z. B. bei einem Aufsatz, einspringen.
- Anstelle eines mündlichen Vortrages kann eine Mappe angefertigt werden.
- Bieten Sie dem Kind an, Vorträge vor einem kleinen Publikum mit Personen seiner Wahl zu halten.

Machen Sie in der Klasse doch immer wieder mal einen Wettbewerb: Wer kann am leisesten sprechen?

Initiieren Sie Eins-zu-eins-Situationen

Möglicherweise gelingt es Ihnen, dem Kind mit der Zeit ein paar Worte zu entlocken. Gehen Sie dabei ganz behutsam vor! Eins-zu-eins-Kontakte können hier helfen:

Buch- und Materialtipps

- Nehmen Sie das Kind immer wieder aus dem Klassenraum heraus, wenn es in der Klasse recht laut und unruhig ist, und gehen Sie in die Eins-zu-eins-Situation mit ihm.
- Es kann hilfreich sein, wenn die Umgebung für Ihr Einzelgespräch möglichst ansprechend gestaltet ist, z.B. sitzt das Kind in einem bequemen Sessel oder Sitzsack.
- Akzeptieren Sie zu jedem Zeitpunkt, wenn das Kind stumm bleibt.
- Vielleicht können Sie über eine Handpuppe in Kontakt mit dem Kind kommen? Auch der umgekehrte Weg kann funktionieren: Das Kind erhält eine Puppe und kann sich so quasi hinter ihr verstecken, da ja die Puppe *spricht* und nicht es selbst.
- Ermoglichen Sie dem Kind gemeinschaftliche Situationen, in denen es nicht konkret zum Sprechen aufgefordert wird. Machen Sie z.B. gemeinsam ein Puzzle, ein Brettspiel, ein Arbeitsblatt.
- Gehen Sie vom Rest der Klasse unbemerkt, z.B. in der Pause oder während einer offenen Unterrichtsphase, immer wieder in den Dialog mit dem Kind.
- Testen Sie, ob das Kind möglicherweise bereit ist, durch einen Vorhang hindurch oder hinter einer Stellwand zu sprechen.
- Vielleicht ist es gewillt, mit ihnen zu flüstern?
- Bestehen Sie nie auf direkten Augenkontakt, wenn Sie mit dem mutistischen Mädchen oder Jungen in Kontakt treten.
- Beziehen Sie ihr oder sein Schweigen, oder wenn sie oder er sich möglicherweise gegenüber einer anderen Kollegin oder einem anderen Kollegen tatsächlich einmal verbal äußert, nie gegen sich.

Sollten Sie dem Kind tatsächlich ein Wort entlocken oder hören, wie es mit einer Mitschülerin oder einem Mitschüler spricht, dann vermeiden Sie unbedingt eine übermäßige Reaktion. Freuen Sie sich im Stillen darüber. Denn es geht ja darum, ihm zu zeigen, dass Sprechen etwas Alltägliches ist, das im Prinzip von allen erwartet wird.

Kinderbücher:

Bichler Hofbauer, Karin: Anna und Obur. Eine Mutmach-Geschichte für schweigende Kinder. Schulz-Kirchner Verlag 2022.

Dräger, Susanne: Elli und der unsichtbare Schnabel. Mutismus: ungewollt gefangen. BoD 2018.

Fessel, Karen-Susann: Selina Stummfisch. Wenn Kinder schweigen. Mutismus verstehen. BALANCE buch + medien verlag 2019.

Gauß, Anne: Der Junge in der Nussschale. Eine Geschichte, die schweigenden, stotternden und schüchternen Kindern Mut macht. iskopress Verlag 2013.

Wirth, Babette Bürgi u. Stefanie Kolb: Mila spricht! Ein Bilderbuch zum selektiven Mutismus. Ernst Reinhardt Verlag 2020.

Buch- und Materialtipps

Materialtipps zur Unterstützung Ihres Unterrichts:

Bahr, Reiner: Wenn Kinder schweigen. Redehemmungen verstehen und behandeln. Ein Praxisbuch. Mannheim: Patmos 2015. (Die Mutter eines selektiv mutistischen Kindes empfahl mir die Lektüre dieses Ratgebers mit den Worten: „Ich habe mehrfach gedacht, dass der Autor meine Tochter beschreibt.")

Eine sehr hilfreiche Broschüre gibt es unter https://www.zel-heidelberg.de/upload/Eltern/Broschueren/Elterninformation_Selektiver_Mutismus_ZEL_Buschmann.pdf (24.11. 2022, 17:52)

Christine Winter, die selbst jahrzehntelang an selektivem Mutismus litt, ihre Sprechblockaden aber überwunden hat, bietet regelmäßig Webinare an, in denen Eltern, ErzieherInnen, Lehrkräfte ihre Fragen zum Umgang mit Mutismus stellen können: http://christine-winter.de/mutismus-webinar/ (15.04. 2022, 16:46).

Videos:

Es lohnt sich, das Video von Johanna Burda, Gründungsmitglied von StillLeben e.V. (Verein für Eltern von Kindern mit selektivem Mutismus) anzuschauen, um die Erfahrungswelt eines Menschen mit selektivem Mutismus nachspüren zu können: https://www.youtube.com/watch?v=c045YkhLWjI (24.11.2022, 17:53).

Unter https://youtu.be/BKaAz9nPwPM (21.06.2022, 10:24) werden die Unterschiede vom selektiven Mutismus und ASS verständlich erläutert.

Dyspraxie

Gut zu wissen

In diesem Kapitel erfahren Sie, wie Sie motorische Schwächen kompensieren helfen, Handlungsabläufe sichtbar machen und das Körperempfinden stärken können.

Wussten Sie, dass …

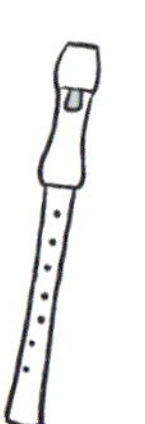

Vielleicht würde der Schauspieler Daniel Radcliff seinen Zauberstab schwingen, den er als *Harry Potter* parat hat, um seine dyspraxische Besonderheit abzumildern, wenn das in der realen Welt möglich wäre? Vielleicht ist er aber auch ein gelungenes Beispiel dafür, dass man sich mit den Jahren in einem Leben als *Chaosqueen mit Guppy-Erinnerungsvermögen* ganz gut einrichten kann, wie die Bloggerin und Dyspraxiebetroffene Mia es beschreibt.[1] Schließlich haben Ernest Hemingway und Pablo Picasso, denen man rückblickend nachsagt, diese Auffälligkeit gehabt zu haben, es doch in ihrem Leben zu einigem Ruhm und Ehren gebracht.

Rechtliche Feinheiten

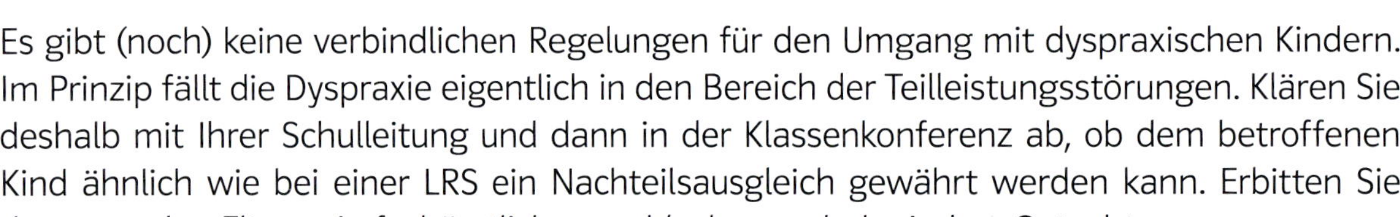

Es gibt (noch) keine verbindlichen Regelungen für den Umgang mit dyspraxischen Kindern. Im Prinzip fällt die Dyspraxie eigentlich in den Bereich der Teilleistungsstörungen. Klären Sie deshalb mit Ihrer Schulleitung und dann in der Klassenkonferenz ab, ob dem betroffenen Kind ähnlich wie bei einer LRS ein Nachteilsausgleich gewährt werden kann. Erbitten Sie dann von den Eltern ein fachärztliches und / oder psychologisches Gutachten.

Verhaltensweisen auf einen Blick oder: *Es ist keine Frage des Könnens*

Vielleicht haben Sie in Ihrer Lerngruppe ein Kind, das weitaus ungeschickter ist als seine Mitschülerinnen und Mitschüler. Ihm passieren häufig grobmotorische *Missgeschicke*, etwas fällt aus der Hand, es stolpert ständig, fällt oft hin und alltägliche Bewegungsabläufe, wie das Anziehen, stellen eine Herausforderung dar und erfordern immense Anstrengung und Konzentration. Auch in der Feinmotorik zeigen sich Schwächen: ein unleserliches Schriftbild, Probleme mit Schere und Klebstoff usw.

[1] https://mavericksociety.de/dyspraxie-als-erwachsener/, 10.01.2023: 07:36.

Verhaltensweisen auf einen Blick oder: Es ist keine Frage des Könnens

Dahinter steckt bei 8 bis 10 % der Grundschulkinder eine motorische Störung, die aufgrund einer neuronalen Fehlsteuerung im Gehirn auftritt[2]. Jungen erhalten siebenmal häufiger die Diagnose als Mädchen. Während fast jede und jeder heutzutage über Kinder mit ADHS, dem Asperger-Syndrom und über LRS Bescheid zu wissen scheint, ist die Dyspraxie den meisten Menschen in Deutschland nicht bekannt. In Frankreich oder Belgien gibt es hingegen sogar spezielle Förderinstitute für diese Lernauffälligkeit.
Hierzulande werden Kinder mit Dyspraxie vermeintlich als *tollpatschig* und *etwas ungeschickt* bezeichnet und ihr Umfeld versteht nicht, wenn sie im Grundschulalter nicht fähig sind, einen Ball korrekt zu werfen, es nicht schaffen, sich ein Glas Wasser einzuschenken, ohne etwas zu verschütten, und reagiert belustigt oder mitunter genervt, weil ihnen ständig etwas herunterfällt. Damit tut man den betroffenen Kindern Unrecht, denn diese leiden an einer angeborenen, neuronalen Fehlsteuerung im Gehirn. Im Vergleich zur Apraxie, einer erworbenen Störung, bei der eine Person aufgrund einer Hirnschädigung, z. B. infolge eines Schädel-Hirn-Traumas, einer Hirnblutung oder eines Schlaganfalls, bereits erlernte Bewegungsabläufe nicht mehr ausüben kann, fehlt bei einer Dyspraxie von vornherein die Fähigkeit, diese Bewegungen korrekt auszuüben und es bleiben diesbezüglich lebenslange Probleme bestehen.

Sicher haben Sie das ein oder andere *ungeschickte* Kind in Ihrer Klasse. Nicht jedes davon hat Dyspraxie. Folgende mögliche Verhaltensweisen sind mir in meiner Tätigkeit als Lehrerin durch Beobachtung und den Austausch mit Betroffenen und im Kollegium aufgefallen. Diese könnten sicherlich ergänzt werden und treffen in ihrer Gesamtheit nicht auf alle Kinder mit der Besonderheit zu, bieten jedoch eine erste Annäherung.

Das Kind ...

- hält seinen Stift verkrampft.
- schreibt langsam.
- hat ein unleserliches Schriftbild.
- hat Mühe damit den Stift zu halten – dieser rutscht ihm immer wieder aus der Hand.
- überschreitet beim Malen oder Schreiben die Blatt- oder Zeilengrenzen.
- hat (verschmierte) Heftseiten mit Eselsohren.
- kann aufgrund seiner motorischen *Schwächen*, unwirsch oder gar aggressiv reagieren, wenn es ans Basteln geht oder verweigert dies ganz.
- hat Mühe, Bewegungsabläufe zu koordinieren, z.B. die Reihenfolge der Ausführungen beim Tischdecken, Anziehen oder beim Treppensteigen.
- hat Schwierigkeiten bei Tätigkeiten mit Fingerspitzengefühl: Jacke oder Hose zuknöpfen, Perlen auffädeln, Aufkleber in ein Album kleben o. Ä.
- hat Probleme damit, das Gleichgewicht zu halten: balancieren, auf einem Bein stehen usw.
- hat Schwierigkeiten mit den Raum-Lage-Beziehungen: oben/unten, rechts/links.
- hat Mühe damit, Bewegungen mit Armen und Beinen gleichzeitig auszuführen, wie z.B. einen Hampelmann zu machen, Seil zu springen oder zu schaukeln.
- fällt durch einen unkoordinierten Gang auf.

---

[2] https://www.dyspraxie-online.de/downloads/200131_dys_105x148_screen_sb.pdf, S. 3, 10.01.2023, 07:34.

Tipps für den Umgang

- hat Mühe, einen Ball zu fangen oder ihn einem anderen Kind gezielt zuzuwerfen.
- führt Bewegungen oftmals nur einseitig durch.
- führt mitunter beim Hantieren mit Gegenständen einen Handwechsel durch.
- stolpert oft, stößt sich an Tischkanten und ihm fallen Dinge aus der Hand.
- hat eine verkürzte Konzentrationsspanne.
- hat ggf. Schwierigkeiten damit, Gefühle anderer zu erkennen oder sich in diese hineinzuversetzen.

Manchmal zeigt ein Kind *nur* eine „ideatorische Dyspraxie"[3]. Das bedeutet, dass es kein Problem damit hat, motorische Handlungen korrekt durchzuführen. Es kann z. B. einen Ball fangen oder werfen. Aber ihm fehlt die Fähigkeit der Abstraktion. Es kann also nicht beschreiben, welche Schritte es in welcher Reihenfolge durchführen muss.

Eine Dyspraxie tritt selten isoliert auf. Meist kommt eine andere Lernschwäche wie Dyslexie (Leseschwäche) oder Dyskalkulie hinzu. Dann kommen zu den motorischen Auffälligkeiten Zahlendreher, z. B. 6 und 9, das Verwechseln von Buchstaben, z. B. *b* und *p*, oder auch eine *verwaschene* Sprache oder Stottern hinzu – *verbale Dyspraxie.*
Oftmals wird ein Kind mit Dyspraxie aufgrund seines *anderen Verhaltens* vermeintlich mit ASS oder ADHS in Zusammenhang gebracht. Viele dyspraxische Kinder leiden unter einem geringen Selbstbewusstsein und Selbstvertrauen, weil ihnen ständig etwas misslingt oder kaputtgeht.

Ein Kind mit Dyspraxie wird bei Ihnen im Unterricht Dinge häufig anders oder augenscheinlich *nachlässig* machen. Führen Sie sich immer wieder vor Augen, dass dies nicht mutwillig geschieht, sondern weil das Kind nicht anders kann:

„Bei entwickelter Dyspraxie ist es schwierig, seinen eigenen Körper das tun zu lassen, was wir wollen, wenn wir wollen, daß [sic!] er es tut."[4]

Behalten Sie dies im Hinterkopf, wenn Sie im Folgenden die Tipps lesen und Anstrengungen unternehmen, um das Kind zu unterstützen. Möglicherweise wird es manches auch weiterhin nicht besser machen als zuvor oder aber es dauert seine Zeit, bis sich eine Veränderung einstellt.

Motorische Schwächen kompensieren

Da ein Kind mit Dyspraxie meist motorische *Schwächen* aufweist, folgen hier ein paar Tipps, wie Sie dem Kind helfen können, diese zu kompensieren.

---

[3] https://www.dyspraxie-online.de/ueber-dyspraxie/ideatorische-dyspraxie/index.html, 10.01.2023, 08:15.
[4] https://www.dyspraxie-online.de/downloads/200131_dys_105x148_screen_sb.pdf, S. 2 (Sekundärquelle), 10.01.2023: 08:25.

Tipps für den Umgang

Mehr Kreativität beim Arbeitsmaterial

- Strukturieren Sie Arbeitsblätter, indem Sie z. B. Bereiche für Fragen optisch hervorheben, Schreiblinien anbieten, wichtige Dinge grau hinterlegen.
- Achten Sie auf 1,5-zeiligen Abstand und eine etwas größere Schrift.
- Kopieren Sie alternativ Arbeitsblätter zur besseren Übersichtlichkeit auf DIN A3. Zusammengeklappt können Sie dennoch abgeheftet oder in ein Heft eingeklebt werden.
- Malvorlagen sollten grundsätzlich in DIN A3 angeboten werden. So wird das allzu starke Hinausmalen über die Ränder verhindert.
- Lose Blattsammlungen in Heftern stellen eine Überforderung dar. Setzen Sie auf klassische Schulhefte oder Themenmappen.

Struktur am Arbeitsplatz und im Klassenraum

- Befestigen Sie rutschhemmende Folie oder eine Schreibtischunterlage auf dem Tisch, damit die Materialien des Kindes nicht so leicht hinunterfallen.
- Lassen Sie das Kind einen Stein, einen Holzklotz oder einen anderen kompakten, schweren Gegenstand suchen und ggf. bemalen. Diesen kann es dann beim Arbeiten auf sein Heft legen, damit es nicht wegrutscht.
- Markieren Sie mit Klebestreifen, wohin auf dem Tisch das Heft, das Mäppchen, Bastelutensilien gelegt werden sollen. Im Internet finden sich auch Vorlagen zum Ausdrucken, auf denen genau gezeigt wird, wie diese auf den Tisch zu kleben sind.
- Ein Sitzplatz in der Nähe der Lehrkraft kann hilfreich sein, so können Sie dem dyspraxischen Kind recht schnell zur Seite stehen, wenn Sie bemerken, dass es Hilfe braucht.
- Haben die Kinder (Regal-)Fächer zur Verwahrung ihrer Materialien? Dann achten Sie darauf, dass die betroffene Schülerin oder der betroffene Schüler einen Platz am Ende des Schrankes hat und nicht in der Mitte. Das erleichtert ihr / ihm den Zugang.
- Markieren Sie unbedingt die Fächer, Kleiderhaken usw. namentlich, ggf. sogar mit Foto.

Dyspraxie

Tipps für den Umgang

Die betroffene Schülerin oder der betroffene Schüler vergisst regelmäßig Bücher und Hefte? Vielleicht besteht die Möglichkeit, ihr oder ihm jeweils zwei Ausgaben der Schulbücher zur Verfügung zu stellen. An vielen Schulen sind mehr Exemplare vorhanden, als ausgebeben werden müssen. Dann kann sie / er ein Set an der Schule verwahren und das andere zu Hause lassen.

Bieten Sie alternative Testformate an

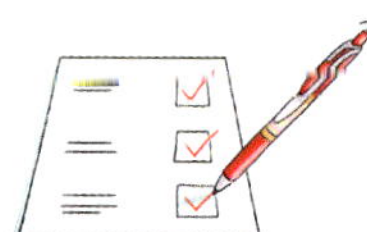

Wenn das Kind mit Dyspraxie in Ihrer Klasse von den oben aufgeführten motorischen Einschränkungen betroffen ist, ist es in Test- oder Klassenarbeitssituationen benachteiligt. Das Stifthalten und die Stiftführung fallen ihm schwerer, wodurch Zeit verloren gehen kann. Daher sind folgende Überlegungen bedenkenswert:

- Reduzieren Sie die Anzahl von Fragen in der Klassenarbeit. Arbeiten Sie stattdessen ggf. mit höheren Schwierigkeitsgraden.
- Alternativ sind geschlossene Fragen mit weniger Schreibaufwand geeignet.
- Auch Lückentexte anstelle verlangter Antwortsätze sind hilfreich.
- Vielleicht ist es möglich, dass das betroffene Schulkind einzelne Klassenarbeiten (oder zumindest Teile daraus) mündlich beantwortet.
- Bieten Sie dem beeinträchtigten Mädchen oder Jungen mehr Zeit zur Klassenarbeitsbearbeitung.
- Empfehlenswert ist es auch, wenn Sie als zusätzliche / alternative Prüfungsleistung ein Referat / eine Präsentation verlangen. So kann das betroffene Kind anstelle eines Lesebegleitheftes eine mündliche Buchpräsentation abliefern.
- Nehmen Sie den Diktattext auf (Sprachmemo auf dem Smartphone oder Diktiergerät). Dann kann das Kind das Diktat in seinem Tempo und mit der Möglichkeit von Unterbrechungen schreiben.
- Lange Konzentrationsphasen sind für die betroffenen Kinder sehr ermüdend. Planen Sie deshalb nach einer Klassenarbeit unbedingt eine entspannte Unterrichtsphase ein.
- Zensieren Sie Ergebnisse im Kunstunterricht wohlwollend oder erbitten Sie bei der Schulleitung die Aussetzung einer Note in diesem Fach.

Helfersysteme beim Schreiben und Basteln

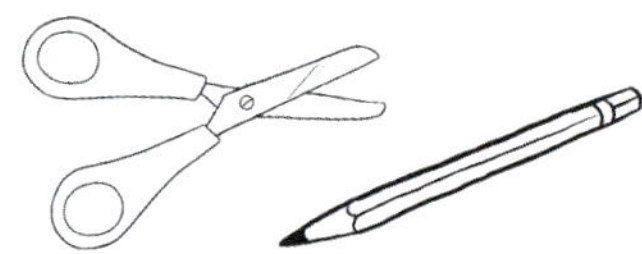

- Für ein Kind mit Dyspraxie ist die Heftführung eine wahre Herausforderung. Setzen Sie den Fokus auf Lesbarkeit und den Inhalt seiner Arbeit anstatt auf Präzision und formschöne Ausführung. Allein dieser Ansatz nimmt ihm eine Menge an Stress.
- Berücksichtigen Sie bei geometrischen Aufgaben, dass diese im Vergleich zu den anderen mit geringerer Präzision und Exaktheit ausgeführt werden.

Tipps für den Umgang

- Empfehlen Sie den Eltern, gemeinsam mit ihrem Kind verschiedene Stifte auszuprobieren, um herauszufinden, mit welchem Stift das Schreiben leichter fällt. Sehr geeignet sind dicke, dreiseitige Holzfarb- und Bleistifte.
- Ein Gummiaufsatz oder auch eine Schreibkugel, die oberhalb der Schreibspitze am Bleistift angebracht wird, ist hilfreich.
- Stifte mit kleinen Gewichten sind ebenfalls einen Versuch wert.
- Es kann hilfreich sein, die betroffenen Schulkinder mit einem leichtgängigen Gelstift oder einem Tintenroller anstelle eines Füllers schreiben zu lassen.
- Vielleicht kann ein *Schreibhilfekind* etabliert werden, das eine gut leserliche Schrift hat. Dieses kommt immer dann ins Spiel, wenn das betroffene Kind es nicht geschafft hat, einen Tafelanschrieb komplett ins Heft zu übertragen, seine eigenen Notizen nicht mehr lesen kann oder es mit der Länge eines Textes überfordert ist. Dann können ohne großes Aufsehen Hefteinträge des Helferkindes kopiert werden.
- Erlauben Sie, dass das Kind seinen Eltern einen Text mündlich diktiert und diese ihn für es ins Heft schreiben.
- Wenn möglich, verzichten Sie bei einer Erstklässlerin oder einem Erstklässler auf das zusätzliche Eintrainieren der Schreibschrift, bestehen Sie aber auf möglichst exakt ausgeführte Druckbuchstaben. Sprechen Sie dies im Kollegium bzw. mit der Schulleitung ab oder fragen Sie ggf. beim Schulamt nach, ob dies möglich ist. Denn in einigen Bundesländern wie Bayern, Baden-Württemberg, Sachsen, Niedersachsen und Schleswig-Holstein ist eine verbundene Schrift laut Lehrplan verpflichtend.
- Älteren Schulkindern können Sie die Wahl zwischen Druck- und Schreibschrift lassen. Erstere geht in den meisten Fällen leichter von der Hand.
- Ein Klebestift statt Flüssigkleber hilft Klebeunfälle zu vermeiden.
- Anstelle einer normalen Schere kann eine Federbügelschere hilfreich sein, die sich automatisch öffnet.
- Setzen Sie Mappen mit Trennfächern anstelle von Heftern ein.
- Ein Leselineal kann helfen, in der richtigen Zeile zu bleiben.
- Anstelle alles handschriftlich zu notieren, sollten Sie Kindern mit Dyspraxie phasenweise das Schreiben am Computer ermöglichen. Bekleben Sie die Tasten mit Punkten in zwei verschiedenen Farben, rechte und linke Hand, falls das Kind mit zehn Fingern schreibt.
- Diskutieren Sie im Kollegium, ob ein Rechtschreibkorrekturprogramm genutzt werden darf.
- Möglicherweise kann der Einsatz einer speziellen Software, wie eine Sprachausgabe für das Geschriebene, hilfreich sein, die die Bedienung von Computern oder Tablets für motorisch eingeschränkte Kinder erleichtert.
- Es macht ggf. Sinn, wenn das Kind einen Aufsatz als Sprachmemo aufnimmt.

Tipps für den Umgang

Legen Sie sich einen Fundus an ergonomisch optimierten Stiften oder entsprechendem Zubehör an, aus dem Ihre Schülerinnen und Schüler dann einen Stift wählen können. Vielleicht dürfen Sie sich auf Schulkosten ein gewisses Kontingent anschaffen? Kontaktieren Sie außerdem Schreibwarenhersteller und fragen Sie nach kostenfreien oder günstigen Musterexemplaren. Auch ein Datumsstempel kann dem Kind sehr helfen, mehr Übersichtlichkeit in seinen Heften zu schaffen.

Setzen Sie auf Visualisierung

- Hilfreich ist hierbei auch ein Fotovorhang mit einzelnen Taschen, in die sie die Bilder untereinander einsortieren können.
- Halten Sie Bildkarten für Unterrichtsformen, wie Stuhlkreis, Partnerarbeit usw., bereit.
- Geben Sie dem Kind kleinschrittige Handlungsanweisungen zum Packen seines Schulranzens oder auch zum Aufräumen seines Arbeitsplatzes nach dem Kunstunterricht o. Ä. an die Hand.
- Arbeiten Sie bei Aufbauten im Sportunterricht mit Karten, auf denen abgebildet ist, welche Turngeräte an den einzelnen Stationen verwendet werden. Geben Sie diese dem Kind in die Hand, sodass es sie holen kann.
- Auch wenn es um eine neue Sitzordnung, die Aufstellung für einen Auftritt des Chors o. Ä. geht, ist es hilfreich, wenn Sie das bildhaft an der Tafel oder auf einem Plakat darstellen.
- Unterstützen Sie das Handeln des Kindes durch Bilder. Fotografieren Sie z. B. die einzelnen Schritte von Bastelarbeiten und hängen Sie diese in der entsprechenden Reihenfolge an die Tafel.

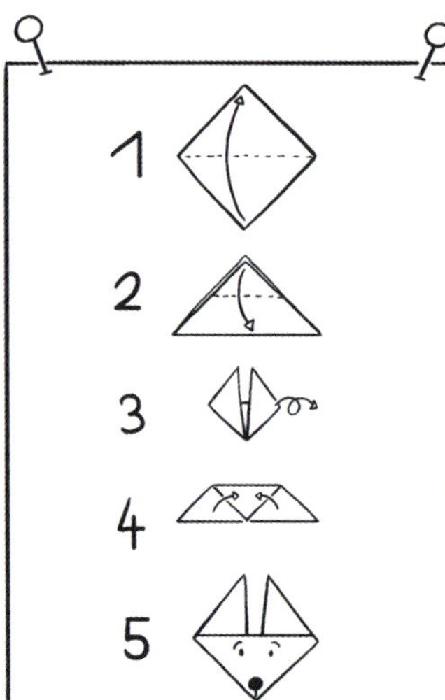

Erleichtern Sie den Sportunterricht

Ein dyspraxisches Kind wird höchstwahrscheinlich kein/-e Supersportlerin oder Supersportler werden, aber es wurde beobachtet, dass Kinder, die von klein an und regelmäßig körperliche Übungen

Tipps für den Umgang

durchführen, durchaus eine bessere Koordination erlernen können. Da dyspraxische Kinder um ihre motorischen Einschränkungen wissen, ist der Sportunterricht für sie oftmals mit Stress verbunden. Hier ein paar Anregungen, wie Sie es dem Kind erleichtern können:

- Kennzeichnen Sie Tage, an denen Sportunterricht stattfindet, farbig im Stundenplan.
- Weisen Sie die Eltern darauf hin, dass der Sportbeutel möglichst schon am Vorabend gepackt wird, um unnötigen Stress vor der Schule zu vermeiden.
- Das betroffene Kind sollte auf jeden Fall eine Sitzmöglichkeit zum Umziehen vor und nach dem Sportunterricht haben. Im günstigsten Fall hat es dabei immer denselben Platz.
- Vielleicht hilft es dem Kind auch, wenn es sich nicht mit seinen Klassenkameradinnen und -kameraden umziehen muss, sondern in einer Einzelkabine.
- Entlassen Sie das Kind am Ende der Sportstunde schon etwas früher, sodass es nicht in Hektik gerät, wenn es sich umziehen soll.
- Vielleicht kann es an den entsprechenden Tagen auch schon in legerer Kleidung zur Schule kommen und muss sich nur noch die Sportschuhe anziehen?
- Bitten Sie die Eltern, unbedingt alle Kleidungsstücke des Kindes zu beschriften.
- Setzen Sie den Fokus so oft wie möglich auf Spiele und Übungen, bei denen die Freude an der Bewegung und der Spaß im Vordergrund stehen.
- Bauen Sie auf Freiwilligkeit, wenn es um sportliche Wettkämpfe, wie z.B. die Bundesjugendspiele, geht.
- Sichern Sie Aufbauten mit Geräten immer besonders.
- Akzeptieren Sie ein *Nein*, wenn das betroffene Mädchen oder der betroffene Junge eine Bewegung nicht ausführen möchte.
- Wenn Sie Kinder eine Turnfigur oder die Ausführung einer Bewegung, z.B. das Spiel mit einem Federballschläger, das Prellen eines Balles, vorführen lassen, verzichten Sie auf bewertende Kommentare, wie: *Torben kann die Rolle vorwärts besonders gut und wird euch diese nun zeigen*.
- Lassen Sie die Kinder möglichst selten ihre Teammitglieder selbstständig aussuchen. Insbesondere Kinder mit einer Dyspraxie sitzen in so einem Fall oftmals bis zum Schluss auf ihrem Platz, während alle anderen Kinder sich nach und nach in den Teams verteilen und sie nicht ausgewählt werden.
- Legen Sie Ihr Augenmerk bei der Notengebung im Fach Sport mehr auf die Bereitschaft als auf die gezeigten Leistungen. Sprechen Sie mit den Eltern darüber, ggf. auch mit der Klasse, um Getuschel zu vermeiden.

Für dyspraxische Kinder sind individuelle Sportarten, die einen klar strukturierten Ablauf haben und auf andere *eintönig* oder *langweilig* wirken können, bestens geeignet. Aufgrund der Bildungsplanvorgaben können Sie im Rahmen des Sportunterrichts nicht auf Mannschaftssportarten oder Unterrichtseinheiten zum Bodenturnen oder Tanzen verzichten. Im Rahmen eines Elterngespräches kann es aber Sinn machen, die Eltern darauf hinzuweisen, welch Sportarten sich für ihr Kind eignen würden, wie z.B. Angeln, Schwimmen, Bogenschießen oder therapeutisches Reiten.

Tipps für den Umgang

Stärken Sie das Körperempfinden

Um das Zusammenspiel der Grob- und Feinmotorik voranzubringen, ist es optimal, regelmäßig ein paar der folgenden Übungen in den Unterricht einzubauen. Sei es als Bewegungspause, als Einstieg in den Sportunterricht oder als bewegte Station im Rahmen einer Stationen- oder Werkstattarbeit.

Die liegende Acht

Das Kind steht aufrecht. Seine Handflächen treffen sich vor der Brust. Sie bleiben die ganze Zeit aneinander und zeichnen eine liegende Acht, indem vom Mittelpunkt der Acht aus zunächst der eine und dann der andere Kreis in die Luft gezeichnet wird. Wichtig ist, dass die Bewegung flüssig ist und das Kind nicht zwei einzelne Kreise darstellt. Beginnt die Bewegung in den ersten Kreis z. B. nach unten, dann muss auch der zweite Kreis mit einer Bewegung nach unten beginnen. Alternativ kann diese Übung auch einhändig durchgeführt werden: Hierzu malt das Kind mit der rechten Hand und ausgestrecktem Zeigefinger eine Acht vor seinem Bauch in die Luft. Kann es das auch mit der linken?

Überkreuzsteuerung

Geben Sie Anweisungen, bei denen gegenüberliegende Körperteile gleichzeitig bewegt werden, z. B.: *Strecke den rechten Arm und das linke Bein nach vorne.*

Balance halten

Um die Balance zu trainieren, gibt es einige Übungen, die schnell einzusetzen und einfach umzusetzen sind:

- Das Kind kann vorwärts oder rückwärts auf mit Kreide aufgezeichneten Linien oder den Linien in der Sporthalle gehen.
- Auch das Springen über eine Spur aus Bierdeckeln, Papptellern oder Zeitungsseiten trainiert die Balance. Hier können ggf. Hindernisse eingebaut werden.
- Legen Sie aus einem Seil geometrische Formen, Ziffern oder Buchstaben, auf denen die Kinder gehen.

Dyspraxie

Tipps für den Umgang

- Wie lange können die Kinder in der Standwaage oder auf einem Bein stehen, evtl. sogar mit geschlossenen Augen?
- Lassen Sie das Kind einen Radiergummi auf dem Handrücken, der Nase oder auf dem Kopf platzieren und dabei umhergehen.
- Auch bietet es sich an, wenn das Kind in der Pause auf Stelzen geht, auf dem Balanceboard versucht, die Stellung zu halten, und / oder auf dem Pedalo fährt.

Pippi Langstrumpf lässt grüßen: Wie das rothaarige schwedische Mädchen es gerne macht, bekommen auch ihre Schülerinnen und Schüler die Aufgabe, so lange wie möglich durch den Klassenraum zu gelangen, ohne dabei den Boden zu berühren. Also vom Tisch auf den Stuhl, über das Regal zum Lehrerpult, von dort über einen Stuhl zum Sideboard, über das Sofa in die Leseecke. Das macht Spaß und fördert gleichzeitig den Gleichgewichtssinn.

Feinmotorik trainieren

Planen Sie am Ende des Schultages oder der Schulwoche einen fixen Termin ein, an dem Ihre Schülerinnen und Schüler feinmotorische Übungen machen, wie z. B. Stifte spitzen – für dyspraxische Kinder mitunter eine Herausforderung.

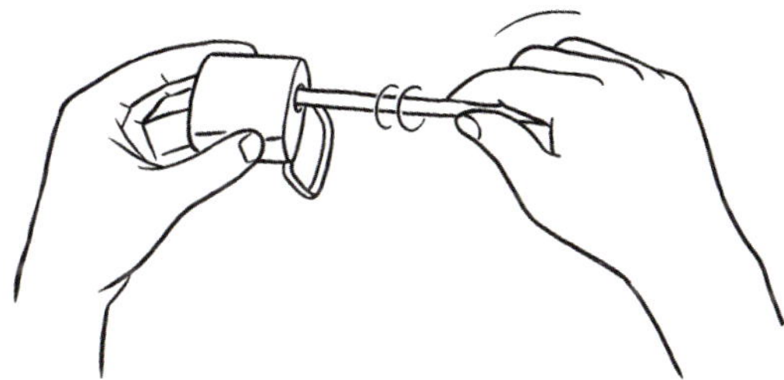

- Lassen Sie die Kinder ihre Stifte aus dem Mäppchen holen und diese dann nach mündlicher Anweisung: *Grün – Rot – Blau – Rosa* wieder einsortieren. Dabei werden gleichzeitig die Konzentrationsfähigkeit, das Hörvermögen sowie die Feinmotorik geschult.
- Lassen Sie Muggelsteine, Rechenplättchen, Perlen, Bügelperlen oder andere kleine Dinge nach Farben sortieren. Alternativ können Sie die Dinge nach bestimmten Anzahlen sortieren, z. B. *Legt immer vier Perlen auf einen Haufen*.
- Die Kinder können kleine Salzbrezeln, Servietten- oder Gardinenringe auf dünne Holzstäbe fädeln.
- Zeichnen Sie auf dem magnetischen Teil der Tafel im Klassenraum Blätter Kreise, Dreiecke, Wege usw. und lassen Sie die Kinder dann Magnete darauf platzieren.
- Achten Sie auf einen bewegten Unterricht, bauen Sie also immer wieder kurze Bewegungssequenzen ein, für die man kein/-e begnadete/-r Turner/-in sein muss.
- Ermöglichen Sie so oft es geht *Lernen mit allen Sinnen*. Lassen Sie also z. B. Buchstaben oder Ziffern kneten, im Sand nachspuren, in einem Matschbecken mit dem Finger die Buchstaben *schreiben* und mit Fäden oder Stöckchen darstellen.

Tipps für den Umgang

- Lassen Sie die Kinder Perlenketten herstellen. Noch mehr Spaß macht es sicherlich mit Nudeln.
- Lassen Sie die Kinder um ihren Stuhl rennen, auf den Tisch steigen, sich in einer Klassenraumecke sammeln oder unter den Tischen hindurchkriechen.
- Lassen Sie die Schülerinnen und Schüler ihre Körper aufzeichnen. Hierzu gehen die Kinder paarweise zusammen und legen sich auf Stücke einer Tapetenrolle. Mit einem Stift umfahren die Kinder jeweils den Körperumriss des Partnerkindes. Im Anschluss beschriften sie alle Körperteile.
- Erfahrungsgemäß macht es Kindern Freude, mit Verbandutensilien zu hantieren. Dabei bekommen Sie spielerisch ein Gefühl für ihren Körper und seine Empfindungen:
  1. Variante: Lassen Sie die Kinder in Teamarbeit zusammengehen. Eins hat verbundene Augen und ihm wird an verschiedenen Stellen auf dem Körper ein Pflaster aufgeklebt. Dieses soll es nun entfernen. Thematisieren Sie im Anschluss, wo es gekitzelt hat, wo es eher unangenehm war und wo das Aufkleben oder Entfernen fast gar nicht bemerkt worden ist.
  2. Variante: Die Kinder spielen mit Sandsäckchen, Bierdeckeln und Tüchern Ärztin und Arzt. Hierzu gehen sie wieder in Partnerarbeit zusammen. Ein Kind liegt *verletzt* am Boden. Klagt es über starke Schmerzen an einer Körperstelle, so ist ein Gips fällig und ein Sandsäckchen wird auf diese Stelle platziert. Benennt es leichte Schmerzen, so reicht ein Verband – im Spiel ein Tuch. Hat es nur eine leichte Schürfung zu betrauern, reicht das Aufkleben eines Pflasters aus.

Wenn es Ihnen die Zeit erlaubt, können Sie im Rahmen des Sach- oder Sportunterrichts mit den Kindern auch einen Barfußweg selbst gestalten. Ein solcher bietet wundervolle sensomotorische Erfahrungen für Ihre Schülerinnen und Schüler. Im Internet finden Sie Anregungen zur Gestaltung.

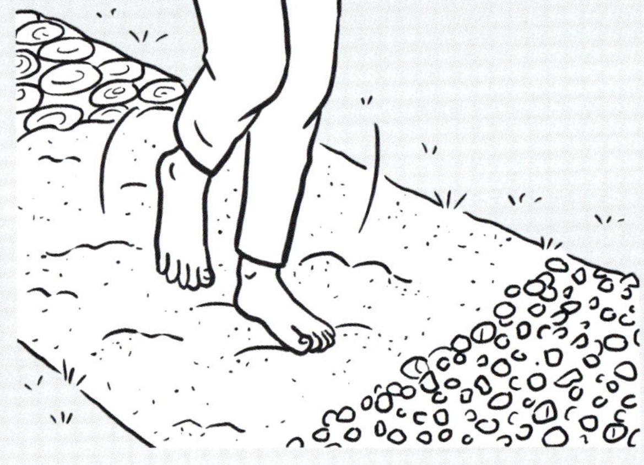

Buch- und Materialtipps

Kinderbücher:

Die Thematik *Dyspraxie* ist bei uns in Deutschland noch so unbekannt, dass ich keine Kinderbücher, die diese Thematik benennen, ausfindig machen konnte. Allerdings könnte ich mir vorstellen, dass z. B. die Figur des tollpatschigen Hundes Marshall aus der Kinderbuch- und -fernsehserie *Paw Patrol* durchaus Züge eines dyspraxischen Kindes zeigt, da er z. B. oft stolpert, ausrutscht, sich irgendwo anschlägt.

Außerdem habe ich Tapsi, einen tollpatschigen Tiger entdeckt, der aufgrund seiner etwas anderen Art so allein ist. Dieses Buch empfehle ich gerne:

Eder, Cornelia: Tapsi, der tollpatschige Tiger. Gegenstromschwimmer Verlag 2019.

Materialien zur Unterstützung Ihres Unterrichts:

Besuchen Sie unbedingt die Homepage https://www.dyspraxie-online.de (15.07.2022, 16:19). Das ist deutschlandweit bisher die einzige Seite, die sich mit diesem Phänomen beschäftigt. Dort finden Sie Hintergrundinformationen, praktische Tipps, Materialien zum Download sowie Erfahrungsberichte betroffener Kinder und einen tollen Flyer zum Thema: https://www.dyspraxie-online.de/buecher/broschuere-dys-war-ich-nicht/index.php (28.07.2022, 12:01).

Unter *BBB: Merkblatt Dyspraxie* auf https://li.hamburg.de/fortbildung/themen-aufgabengebiete/besondere-begabung/material-627512 (01.08.2022, 10:20) finden Sie ein Infoblatt einer Beratungsstelle für besondere Begabungen. Darin finden sie Hinweise zum Nachteilsaugleich bei einer Dyspraxie, die Ihnen, den Eltern des betroffenen Kindes und natürlich dem Kind selbst den schulischen Alltag und vor allem Prüfungssituationen eindeutig erleichtern können.

Die Schulsoftware *Multitext* wurde speziell für beeinträchtigte Kinder entwickelt. Unter https://www.hindelang-software.de (02.08.2022, 13:31) können Sie sich eine Demoversion herunterladen.

Unter https://mavericksociety.de/tag/dyspraxie/ (15.07.2022, 16:26) finden sich zwei Artikel der eingangs zitierten Bloggerin Mia, die aus Ihrer Kindheit berichtet, in der sie noch keine Diagnose hatte. Das hilft sicherlich, die dyspraxischen Kinder in Ihrer Klasse besser zu verstehen.

Videos:

Unter https://www.youtube.com/c/DyspraxieOnline/videos (15.07.2022, 16:24) finden sich mehrere Erklärvideos zum Thema *Dyspraxie*, auch in Kombination mit anderen Auffälligkeiten.

Eine schöne Einführung ins Thema *Dyspraxie* mit Pappfiguren und einer kindlichen Sprecherstimme finden Sie unter https://www.youtube.com/watch?v=v8S2QUSDOx4 (10.07.2022, 16:46).

Gut zu wissen

In diesem Kapitel erfahren Sie, wie Sie Lese- und Schreibfreude wecken und Lernerfolge erzielen können.

Lesen

Wussten Sie, dass …

In Schweden weiß jedes Kind, dass der König Karl Gustav eine Lese-Rechtschreib-Schwäche (LRS) hat. Über seine Tochter, Kronprinzessin Victoria, ist bekannt, dass sie ihre Texte für Reden und Ansprachen auswendig lernt, weil sie unter Druck nicht ablesen kann. Auch ihr Bruder, Prinz Carl Philip, leidet an LRS und hat dies lange Zeit geheim gehalten, mittlerweile aber eine Stiftung für Betroffene gegründet.

Schreiben

Rechtliche Feinheiten

§

Nach deutschem Schul- und Prüfungsrecht wird eine Lese-Rechtschreib-Schwäche oder eine Dyslexie (Leseschwäche) als Behinderung in Bezug auf die technischen Fertigkeiten des Schreibens und des Lesens und der Darstellung des vorhandenen Wissens gesehen. Somit steht dem betroffenen Kind ein Anspruch auf Herstellung chancengleicher Bedingungen – also ein sogenannter Nachteilsausgleich – zu, abgeleitet von Art. 3 Abs. 1 Grundgesetz[1]. Dieser wird jedoch in den einzelnen Bundesländern unterschiedlich gehandhabt. Hier ist es sinnvoll, auf der jeweiligen Seite des Kultusministeriums zu schauen.

In einigen Bundesländern kann ein Nachteilsausgleich zu veränderten Rahmenbedingungen für Klassenarbeiten und Prüfungen, anderen Bewertungskriterien für schriftliche Texte oder Leseaufgaben sowie zu einer Aussetzung von Teilnoten, z. B. in Bezug auf das Diktat im Fach Deutsch, führen. Die Entscheidung über den Nachteilsausgleich erfolgt auf dem kurzen Weg innerhalb des Kollegiums im Rahmen einer Klassen- oder Jahrgangsstufenkonferenz. Die Entscheidung hat bindende Kraft für alle Lehrkräfte, die das Kind unterrichten. Der Nachteilsausgleich wird nicht im Zeugnis vermerkt.

Verhaltensweisen auf einen Blick oder: Buchstabenchaos im Kopf

Bei etwa 4 % aller Kinder liegt eine Lese-Rechtschreib-Schwäche vor. Dabei sind Jungen dreimal so häufig betroffen wie Mädchen. Diese Kinder liegen in ihren Lese- und Schreibfähigkeiten hinter dem

[1] Hierzu: https://www.los.de/ratgeber-fuer-lrs/lrs/lrs-nachteilsausgleich, 10.01.2023, 09:34.

Tipps für den Umgang

Niveau anderer gleichaltriger Kinder. Hinzu kommt, dass Probleme beim Lesen auftreten. Oftmals werden Texte stockend vorgelesen, wodurch ein lautes Vorlesen vermieden werden will. In anderen schulischen Leistungsbereichen zeigen sie meist gute Ergebnisse, weshalb bei LRS von einer Teilleistungsschwäche gesprochen wird. Die Leseschwäche tritt teilweise auch isoliert auf. In diesem Fall spricht man von einer Dyslexie.

Folgende mögliche Verhaltensweisen sind mir in meiner Tätigkeit als Lehrerin durch Beobachtung und den Austausch mit Betroffenen und im Kollegium aufgefallen. Diese könnten sicherlich ergänzt werden und treffen in ihrer Gesamtheit nicht auf alle Kinder mit der Besonderheit zu, bieten jedoch eine erste Annäherung.

Das Kind ...

- weist eine hohe Fehlerzahl beim Abschreiben von Texten auf.
- macht viele scheinbare Flüchtigkeitsfehler, lässt z. B. Buchstaben aus oder vertauscht sie.
- schreibt nach mehrmaligem Üben Wörter falsch.
- verwechselt *b* und *d*.
- hat Schwierigkeiten mit räumlichen Beziehungen: rechts/links, hinten/vorne usw.
- hat eine niedrige Lesegeschwindigkeit.
- stockt oft beim Lesen.
- hat Startschwierigkeiten beim Vorlesen.
- verrutscht beim Lesen in der Zeile.
- hat oftmals einen eingeschränkteren Wortschatz, da es infolge der LRS weniger liest und spricht als seine Altersgenossinnen und -genossen.
- hat eine geringere Benennungsgeschwindigkeit, d. h., wenn es einen Buchstaben, ein Bild oder eine Zahl sieht, spricht es diese später als andere Kinder aus.

Es haben sich Schwerpunkte bewährt, mit denen Sie das Kind mit LRS in Ihrer Klasse unterstützen können.

Motivation schaffen

- Durch die vielen Fehler im Vergleich zu gleichaltrigen Kindern leidet meist das Selbstbewusstsein der Kinder mit LRS stark. Auch die Lust am Lernen kann verloren gehen. Unterstützen Sie das Gefühl der Selbstwirksamkeit des Kindes durch beispielsweise Klassenaufgaben, die es gern übernehmen würde.
- Händigen Sie Tafelanschriebe, die von den Schülerinnen und Schülern ins Heft übertragen werden sollen, zusätzlich in Papierform aus.
- Formulieren Sie schriftliche Arbeitsanweisungen in einfachen, kurzen Sätzen.
- Lesen Sie schriftliche gestellte Aufgaben der Klasse vor. Oder lassen Sie dies von einem Schulkind übernehmen.
- Vermeiden Sie reine Abschreibübungen.

Tipps für den Umgang

- Machen Sie zeitweise Ein-Minuten-Schreibspiele. Dabei steht der Spaß im Vordergrund und das Kind muss nur *ganz kurz* schreiben.
- Wählen Sie Lektüren, die Sie mit der gesamten Lerngruppe lesen, so aus, dass es auch eine Hörspielfassung davon gibt. Alternativ können Sie das Buch auch kapitelweise für das Kind einlesen und als Audiodatei zur Verfügung stellen. Es wird die Motivation des Kindes mit LRS sicherlich steigern, da es ihm möglichst stressfrei gelingt, das ganze Buch *zu lesen*.

Achten Sie auf das Layout

- Wählen Sie mindestens Schriftgröße 12 bis 14 pt mit etwas größerem Zeilenabstand, wenn Sie Arbeitsblätter selbst erstellen.
- Vergrößern Sie vorgefertigte Arbeitsblätter ggf. auf DIN A3.
- Alternativ können Sie lange Texte auch auseinanderschneiden und mit größerem Abstand auf die Seite setzen.

Integrieren Sie digitale Hilfsmittel

- Erleichtern Sie dem Kind das Erkennen von Fehlern, indem Sie es Texte am Computer (ab)schreiben und mithilfe der Autokorrektur verbessern lassen.
- Rechtschreibprobleme oder Schreibängste müssen legasthene Kinder nicht ausbremsen. Eine Spracherkennungssoftware auf dem Computer beispielsweise ist für legasthene Kinder optimal. Statt einen Text mühevoll aufzuschreiben, können sie diesen einfach aufsagen und er wird in korrekter Rechtschreibung aufgeschrieben. Vielleicht ist Ihre Schulleitung bereit, in ein solches Programm zu investieren und damit die Probleme vieler Kinder zu vermindern.
- Alternativ kann das Kind einen Aufsatz in Form eines Sprachmemos auf dem Diktiergerät oder Smartphone aufsprechen. So geht das Kind sicherlich motivierter an die Arbeit. Ohne die Einschränkung, das Ganze verschriftlichen zu müssen, lässt es seiner Fantasie bestimmt ausführlicher freien Lauf.
- Sprechen Sie mit den Eltern darüber, ob das Kind auch zu Hause Aufgaben am Computer erledigen darf, z. B. das Schreiben eines Aufsatzes. Das steigert sicherlich die Schreibfreude des Kindes.
- Setzen Sie auf die Selbstmotivation mithilfe digitaler Medien, indem Sie Ihr lese- und rechtschreibschwaches Kind anstelle einer schriftlichen eine digitale Klassenarbeit am Computer/Tablet durchführen lassen. Im Internet finden Sie zahlreiche Seiten, auf denen Sie vorgefertigte Wissenstest finden, durch die eine Schülerin oder ein Schüler sich *durchklicken* kann.

Tipps für den Umgang

Ändern Sie die Lesepraxis

- Grundsätzlich gilt: Druckschrift lässt sich leichter lesen als eine verbundene Schreibschrift. Nutzen Sie dieses Wissen für Tafelanschriebe.
- Für leseschwache Kinder ist es mit Sicherheit eine Qual, vor der Klasse vorlesen zu müssen. Setzen Sie deshalb unbedingt auf Freiwilligkeit! Da lautes Vorlesen aber einen Effekt auf die Lesegeschwindigkeit hat, sollte dies auf jeden Fall geübt werden. Es kann hilfreich sein, das Training in Elternhand zu geben, um ein Bloßstellen vor der Klasse zu verhindern. In der Schule sollten Sie zusätzlich immer wieder in den Eins-zu-eins-Kontakt mit dem betroffenen Kind gehen und sich von ihm vorlesen lassen.
- Alternativ ist es auch gut möglich, wenn zwei Kinder sich gegenseitig vorlesen. Dabei müssen sie aber darauf achten, dass Sie einem leseschwachen Kind eines an die Seite stellen, das um das Problem des Kindes weiß und dieses nicht auslacht.
- Da man gut lesen durch viel lesen lernt, sollten Sie in Ihrer Klasse viel Lesefutter anbieten. Vielleicht können Sie mithilfe der Eltern eine Lesekiste zusammenstellen, in der sich eine Auswahl an Kinderbüchern befindet, die regelmäßig ausgewechselt werden. Vielleicht können Sie in einem Teil des Klassenzimmers sogar eine etwas umfangreichere Auswahl an Büchern in einer Art Klassenbücherei zusammenstellen. Oder ist an Ihrer Schule sogar eine Bücherei für alle Schulkinder vorhanden?
- Achten Sie in jedem Fall darauf, dass Bücher unterschiedlicher Schwierigkeitsgrade vorhanden sind. Auch in einer dritten oder vierten Klasse sollten auf jeden Fall noch Bücher mit vielen Bildern, größerer Schrift sowie Comics oder auch Zeitschriften vorhanden sein. So kann jedes Kind auf seinem Niveau aktiv werden.
- Schön ist es, wenn die Mädchen und Jungen regelmäßig die Möglichkeit haben, sich still und leise mit einem Buch ihrer Wahl zu verkrümeln.
- Die Lehrkraft sollte sich währenddessen ebenfalls mit einem Buch beschäftigen und leise schmökern.
- Lassen Sie den Kindern die Möglichkeit, die Lektüre eines Buches abzubrechen, wenn es ihnen nach einer Weile doch nicht mehr gefällt oder zu schwierig wird.

Tipps für den Umgang

- Setzen Sie einen Lesepfeil ein. Dieser hilft dem Kind dabei, nicht in der Zeile zu verrutschen. Zudem gibt er die Leserichtung vor.

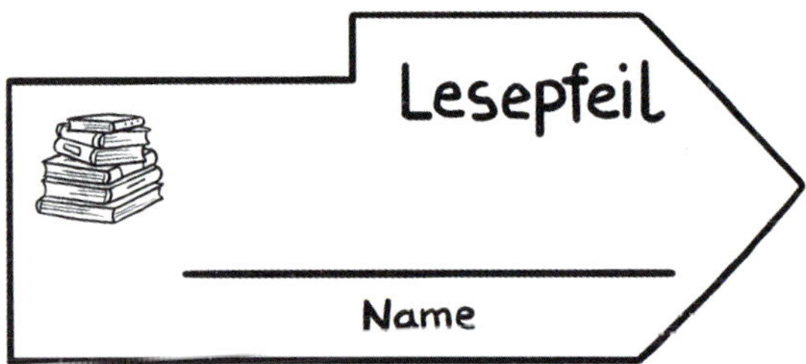

- Hilfreich sind *Blitzleseübungen*: Zeigen Sie dem Kind zunächst einsilbige, kurze Wörter, decken sie diese dann ab und wieder auf. Mit der Zeit lernt das Kind, die Wörter zu erkennen, zu lesen, abzuspeichern. Steigern Sie die Wortlänge mit der Zeit.
- Ein Leselineal hilft dem leseschwachen Kind, sich besser in einem Text zurechtzufinden und nicht in den Zeilen zu verrutschen. Zudem macht es die Buchstaben / Silben in einem Wort nach und nach sichtbar und unterstützt so den Leseprozess. Zusätzlich mit LED-Licht und / oder Vergrößerungsfunktion ausgestattet, bietet es noch mehr.
- Es kann sinnvoll sein, bei einem leseschwachen Kind mit einem in vielen Klassen eingesetzten *Lesepass*, einer *Leseraupe* – hier werden Murmeln gesammelt – zu arbeiten. Dies sollten Sie vom betroffenen Kind abhängig machen. Für das eine mag es motivierend sein, für eine bestimmte Minutenzahl, die es gelesen hat, einen Stempel, Sticker, Murmeln o.Ä. zu erhalten, für das andere Kind kann dies auch sehr demotivierend sein, weil es sich durch das Belohnungssystem unter Druck gesetzt fühlt.

Passen Sie Ihre Korrektur an

- Schreiben Sie anstelle der Fehlerzahl, die das betroffene Kind in einem Diktat macht, die Anzahl der richtig geschriebenen Wörter darunter.
- Hat eine Verbesserung der Fehleranzahl im Vergleich zum letzten Diktat stattgefunden, ist es motivierend, wenn Sie das dokumentieren: *Heute sind es vier richtige Wörter mehr. Toll!*
- Lassen Sie nicht alle falschen Wörter, sondern nur einen Fehlerschwerpunkt, z.B. ausgelassene Buchstaben, verbessern.
- Markieren Sie Fehler nur in einzelnen Testteilen, wenn Sie bemerkt haben, dass insgesamt sehr viele Fehler gemacht wurden.
- Arbeiten Sie unbedingt mit Lob, auch wenn ein Text vor Fehlern wimmelt. Bennen Sie z.B. die Ordentlichkeit der Schrift oder das Großschreiben eines Nomens.
- Vielleicht macht das Kind ein paar Fehler immer und immer wieder. Dann lassen Sie es doch nur diese *Lieblingsfehler* verbessern.
- Erstellen Sie in Anlehnung an die *100 häufigsten Fehlerwörter*[2] eine individuelle Korrekturliste für das rechtschreibschwache Schulkind und lassen Sie es davon ausgehend nur ausgewählte Wörter des Grundwortschatzes verbessern.

---

[2] vgl. Dr. Gero Tacke: http://www.leserechtschreibfoerderung.de/Informationen/Fehlerwoerter.pdf, S. 2, 10.01.2023, 12:28.

Tipps für den Umgang

- Oftmals sind Kinder mit einer LRS mit den Korrekturen Ihrer Diktate und Tests völlig überfordert. Es ist möglicherweise effektiver, wenn Sie das falsch geschriebene Wort korrekt danebenschreiben und dann abschreiben lassen.

Ändern Sie die Testsituation

- Achten Sie darauf, dass Sie sich bei Diktaten in Sichtweite des legasthenen Kindes befinden, so dass es von ihrem Mund ablesen kann.
- Für ein Kind mit einer LRS kann anstelle eines Diktates ein Lückendiktat effektiver sein. Geben Sie ihm hierzu Lernwörter zur Vorbereitung auf das Diktat. Diese muss es dann in Lücken im Diktattext einsetzen.
- Falls in Klassenarbeiten Unleserliches auftaucht, so werten Sie dies nicht als Fehler, sondern fragen Sie bei der Schülerin oder beim Schüler nach, was sie oder er damit meinte.
- Stellen Sie Wörterbücher und Wörterlisten auch während Klassenarbeiten zur Verfügung.
- Variieren Sie bei der Testzeit und lassen Sie der Schülerin oder dem Schüler in textlastigen Klassenarbeiten, nicht nur in Deutsch, mehr Zeit.
- Alternativ können Sie ihr oder ihm Aufgabenteile erlassen oder die Klassenarbeit in zwei Teilen ausgeben.
- Vielleicht lässt sich ein Teil der Aufgaben einer Klassenarbeit durch eine mündliche Abfrage kontrollieren?
- Bieten Sie in Klassenarbeiten auch Aufgabentypen mit geringerem Schreibaufwand an: Zuordnungen, Reihenfolgen, Nummerierungen, Multiple-Choice-Aufgaben, Markieren.

Einer Studie zweier Soziologen an der University of Colorado zufolge sollten Lehrkräfte bei der Korrektur auf den Rotstift verzichten. Diese Farbe, die man als Signal- und Warnfarbe assoziiert, kann bei Kindern, die im Diktat viele Fehler machen, sehr bedrohlich wirken, wenn sie nach der Korrektur vom Rot förmlich *angeschrien* werden.[3] Auch in den Handreichungen für Lehrkräfte des Bundesverbands für Legasthenie und Dyskalkulie e. V. wird darauf hingewiesen.[4] Benutzen Sie eine andere Farbe, wie z. B. Blau oder Grün.

[3] https://www.sciencedirect.com/science/article/abs/pii/S0362331912000638, 10.01.2023; 12:33.
[4] https://www.bvl-legasthenie.de/images/static/pdfs/bvl/9_Handreichung-Lehrer_2018_web.pdf, 10.01.2023, 12:34.

Buch- und Materialtipps

Bilderbücher:

Janotta, Anja: Linkslesestärke – Eine Mutmachgeschichte für Kinder mit Rechtschreibschwäche und Legasthenie und für Kinder mit Mobbingerfahrung in der Schule. Bassermann Verlag 2019.

Klingelbiel, Kathrin: Anna, Peter und Lund, der Lese-Rechtschreib-Hund. Ernst Reinhardt Verlag 2011.

Papp, Lisa: Annika und der Lesehund im Tierheim. Baeschlin Verlag 2020.

Wigger, Stefanie: O wie Olivia: Mut, Zuversicht und Selbstvertrauen für Kinder mit Lese-Rechtschreibschwäche. Schulz-Kirchner Verlag 2020.

Materialien zur Unterstützung Ihres Unterrichts:

Sengelhoff, Barbara: Kommt, wir lesen und schreiben zusammen! Grundlagen, Methoden und Arbeitsblätter für eine handlungsorientierte Lese- und Schreibförderung. PERSEN Verlag 2023.

Die Plattformen https://www.schlaukopf.de (25.11.2022, 15:50) und https://anton.app/de/ (25.11.2022, 15.51) bieten sich an, um Kindern Klassenarbeiten in digitaler Form anzubieten.

Die Spracherkennungssoftware von Dragon in der Version Home 15 ist speziell auf Schülerinnen und Schüler, Studentinnen und Studenten zugeschnitten: https://www.nuance.com/de-de/dragon/dragon-for-pc/home-edition.html (6.4.2022, 9:42).

Unter https://www.legasthenietherapie-info.de/links.html (29.6.2022, 15:38) finden Sie eine Sammlung von Rechtschreib-, Leseprogrammen sowie Software für LRS-Kinder.

Videos

Unter https://www.youtube.com/watch?v=uzveAk39U7c (04.07.2022, 15:37) finden Sie einen kurzen Zeichentrickfilm, um Ihrer Lerngruppe zu erklären, was es mit LRS auf sich hat.

Aus der WDR-Reihe *neuneinhalb* stammt ein lehrreiches Video über Lese-Rechtschreib-Schwierigkeiten: https://www.youtube.com/watch?v=WiXO6QULUHI (04.07.2022, 15:43).

Gut zu wissen

In diesem Kapitel erfahren Sie, wie Sie einen lebensnahen und anschaulichen Mathematikunterricht gestalten und damit rechenschwache Kinder in der Aneignung der grundlegenden Rechenarten unterstützen können.

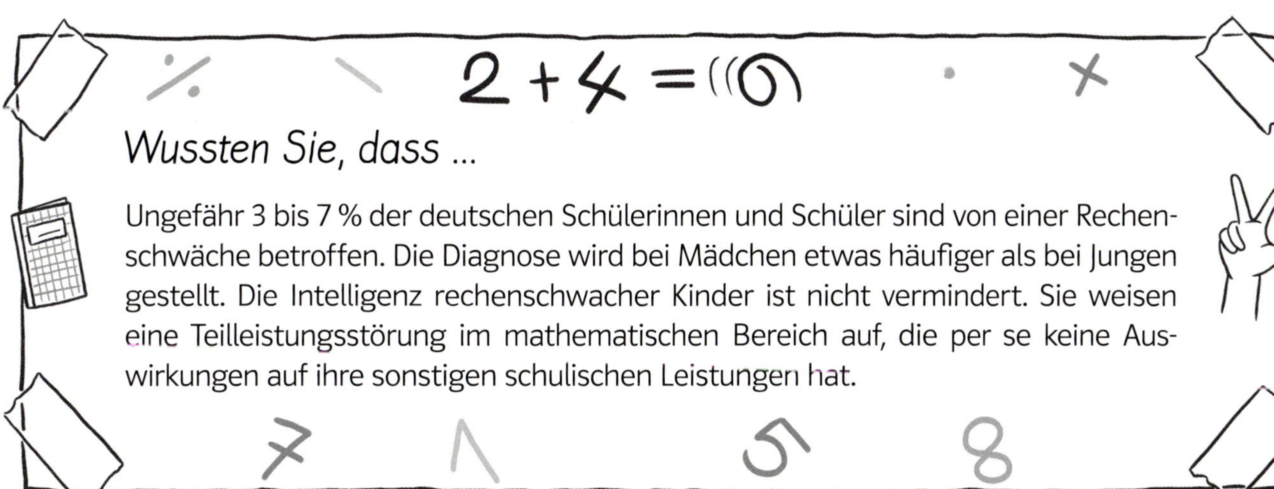

Wussten Sie, dass ...

Ungefähr 3 bis 7 % der deutschen Schülerinnen und Schüler sind von einer Rechenschwäche betroffen. Die Diagnose wird bei Mädchen etwas häufiger als bei Jungen gestellt. Die Intelligenz rechenschwacher Kinder ist nicht vermindert. Sie weisen eine Teilleistungsstörung im mathematischen Bereich auf, die per se keine Auswirkungen auf ihre sonstigen schulischen Leistungen hat.

Rechtliche Feinheiten

Dyskalkulie, auch Rechenstörung genannt, ist mittlerweile von der Weltgesundheitsorganisation (WHO) offiziell als Beeinträchtigung anerkannt und im Register der schulischen Entwicklungsstörung (ICD-10 F81.2) gelistet. Eine Dyskalkulie wird medizinisch diagnostiziert.[1] In manchen Bundesländern hat der/die Schüler/Schülerin Anspruch auf einen Nachteilsausgleich und Notenschutz im Fach Mathematik. So ist dies z. B. in Brandenburg, Mecklenburg-Vorpommern und Niedersachsen schon möglich. Erfragen Sie die Erlasse in Ihrem Bundesland.

Verhaltensweisen auf einen Blick oder: Das abzählende Kind

Kinder, die Dyskalkulie haben, haben starke Schwierigkeiten in Bezug auf die grundlegenden Rechenfertigkeiten: Addition, Subtraktion, Multiplikation und Division[2]. Ziffern sind für diese Kinder lediglich Symbole, stehen aber in keinem sinnvollen Zusammenhang mit einer Anzahl von Dingen, die sie benennen. Rechnen ist für betroffene Schülerinnen und Schüler nahezu gleichzusetzen mit Zählen. Sachaufgaben bereiten meist extreme Schwierigkeiten.

1 https://www.iflw.de/blog/dyskalkulie-rechenschwaeche/was-ist-dyskalkulie-rechenschwaeche/,17.11.22, 10:30.
2 ebd.

Tipps für den Umgang

Folgende mögliche Verhaltensweisen sind mir in meiner Tätigkeit als Lehrerin durch Beobachtung und den Austausch mit Betroffenen und im Kollegium aufgefallen. Diese könnten sicherlich ergänzt werden und treffen in ihrer Gesamtheit nicht auf alle Kinder mit der Besonderheit zu, bieten jedoch eine erste Annäherung:

- Das Kind macht Zahlendreher, z.B. 82 statt 28.
- Ziffern werden seitenverkehrt notiert, z.B. 342 statt 243.
- Kleinere Mengen zählt es mithilfe von Fingern, Stiften o.Ä. ab. Es benötigt dadurch mehr Zeit für die Bearbeitung seines Aufgabenpensums.
- Zahlbegriffe, z.B. mehr – weniger / das Doppelte – die Hälfte, werden nicht unterschieden.
- Das Rückwärtszählen fällt schwer.
- Es verwechselt oftmals die Rechenzeichen, also es addiert, anstatt zu subtrahieren.
- Es verrechnet sich um Eins: 12 + 7 = 20 – Es wird erst bei der 13 mit dem Zählen begonnen, dann landet man bei 20.
- Es gibt Probleme mit räumlichen Beziehungen: *oben/unten*, *rechts/links* usw.
- Es kann keine Analogien herstellen: Dass nach der Aufgabe 15 + 7 die Aufgabe 15 + 8 eigentlich nicht mehr neu gerechnet werden müsste, weil das Ergebnis lediglich um Eins größer wird, wird nicht erkannt.
- Umkehraufgaben werden nicht erkannt. Das Kind weiß die Lösung zu 3 · 4 auf Anhieb, überlegt aber lange bei 4 · 3.
- Es kann keine analoge Uhr lesen.
- Sie / Er hat keine Vorstellung von Zeiträumen wie Tage, Wochen Monate.
- Bei Sachaufgaben werden aus den vorgegebenen Zahlen Rechenaufgaben zusammengestellt, die von der Aufgabe nicht gefordert werden.
- Es fragt während des Rechnens häufig nach, wie die Aufgabe lautet.
- Es kann Geldwerte und andere Größen nicht umrechnen.

Es haben sich Schwerpunkte bewährt, mit denen Sie das rechenschwache Kind in Ihrer Klasse unterstützen können:

Tipps für den Umgang

Im günstigsten Fall wird die Rechenschwäche schon im Anfangsunterricht oder im Laufe der ersten Klasse festgestellt. Dann können Sie dem betroffenen Kind schon sehr früh gezielte Unterstützung zukommen lassen. Das ist erwiesenermaßen sehr effektiv und bewirkt oftmals, dass rechenschwache Kinder sich hilfreiche Strategien aneignen, sodass sich ihre Schwierigkeiten nicht verstärken oder manifestieren. Oft wird eine Rechenschwäche aber erst später entdeckt, weil die betroffenen Schülerinnen und Schüler Strategien anwenden, um nicht durch permanente Fehler aufzufallen, indem sie Ergebnisse auswendig lernen, die Lösung, die ein Kind vor ihnen schon benannt hat, wiederholen, sich bei den Hausaufgaben von den Eltern unterstützen lassen. Seien Sie beruhigt: Auch wenn die Probleme erst im Laufe der späteren (Grund-)Schuljahre bemerkt werden und der Weg zu einer Besserung der Lage definitiv steiniger sein wird, können Sie noch zahlreiche unterstützende Maßnahmen treffen. Oder genauer gesagt: Gerade dann müssen Maßnahmen getroffen werden, denn eine Dyskalkulie *wächst sich nicht aus* oder wird durch *fleißiges Üben* verschwinden, sondern die Betroffenen ein Leben lang begleiten.

An den folgenden Stellschrauben können Sie drehen, um rechenschwachen Schülerinnen und Schülern etwas von ihrem Leid nehmen zu können:

Achten Sie auf Anschaulichkeit

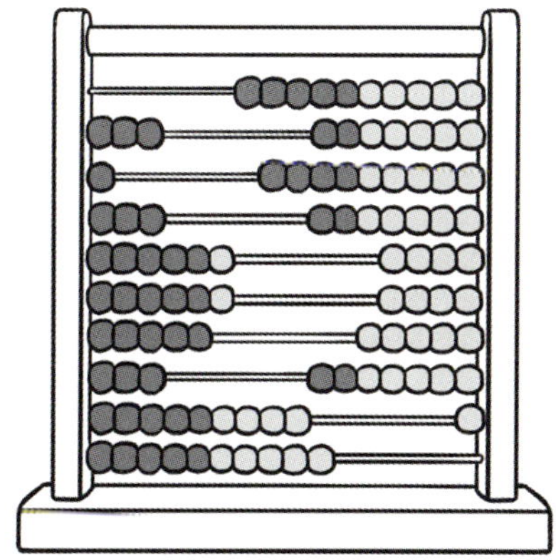

- Versuchen Sie, Zahlen so selten wie möglich nur in Symbolform (also als Ziffern) darzustellen. Stellen Sie immer einen Bezug zur Menge her, die mit den jeweiligen Ziffern benannt wird.
- Stellen Sie der betreffenden Schülerin oder dem betreffenden Schüler immer konkretes Rechenmaterial zur Verfügung, das einen Bezug zwischen der Ziffer und der dazugehörigen Menge herstellt. Im Zahlenraum bis 20 ist das mit Rechenplättchen, Abakus oder Rechenschiffchen gut zu bewerkstelligen. Später helfen dann der Zahlenstrahl oder auch das Tausenderbuch.
- Überfrachten Sie das Kind dabei nicht, sondern bieten Sie ihm lediglich *ein* Material an. Oder lassen Sie es aus mehreren dasjenige wählen, mit dem es am besten zurechtkommt. Vergewissern Sie sich in der Anfangszeit des Gebrauchs immer wieder, ob das Kind richtig mit dem Hilfsmittel umgeht. Wenn Sie das Material in der gesamten Klasse einführen, sollten Sie im Anschluss unbedingt noch eine Einzeleinführung beim rechenschwachen Kind vornehmen. Vergessen Sie nicht, auch die Eltern über das jeweilige Rechenmaterial zu informieren und dessen Handhabung sowie Einsatzmöglichkeiten ggf. auch zu erklären.
- Machen Sie viele Übungen, bei denen Mengen gebündelt werden müssen. Lassen Sie z. B. Streichhölzer, Nudeln, Gummibärchen, Knöpfe in Fünfer-, Zehnerreihen legen.
- Nutzen Sie die *Kraft der Fünf*[3], um vom *zählenden Rechnen* wegzukommen: Eine Menge wird so platziert, dass die Fünf auf einen Blick zu erkennen ist. Das Kind soll dazu angehalten werden, die Elemente nicht einzeln abzuzählen bzw. auf jeden Fall erst bei der Fünf zu starten. Liegen z. B. sieben Plättchen da, so zählt es *5, 6, 7* oder noch besser es erkennt *5 + 2 = 7*.
- Arbeiten Sie mit dem *Blitzblick*. Legen Sie hierzu immer wieder kleine Mengen, z. B. fünf Plättchen, drei Kreidestücke, vier Münzen, sechs Gummibärchen unter ein Tuch. Lüften Sie dieses kurz, sodass Ihr Kind einen *Blitzblick* darauf erhaschen kann. Kann es anschließend die Anzahl richtig benennen?
- Im Material zu vielen Rechenbüchern sind Blitzlichtkarten und Mengenbilder enthalten. Halten Sie einmal im Materialschrank Ihrer Schule danach Ausschau.

[3] vgl. Gaidoschik, Michael (2003).

Tipps für den Umgang

Stellen Sie gemeinsam mit der Klasse eigene Blitzblickkarten her. Fotografieren Sie hierzu verschiedene Mengenbilder, die die Kinder im Klassenraum legen. Drucken Sie diese dann als kleine Bildkarten aus.

Gehen Sie zurück auf Los

4+1=5
5-2=X
3+4=X

4+1=5
5-2=3
3+4=X

4+1=5
5-2=3
3+4=7

Das Festigen der Basisfertigkeiten, wie Mengenverständnis, die Zählfertigkeit vorwärts und rückwärts, einfache Additions- und Subtraktionsaufgaben, steht im Vordergrund. Denn auch wenn manches *doch eigentlich schon sitzen müsste*, ist ein großer Schritt zurück zu den Anfängen unerlässlich. Hier ein paar Ideen zur Umsetzung:

- Nennen Sie eine bestimmte Anzahl von Dingen, die Ihr Kind auf den Tisch legen soll. Lassen Sie es dabei laut abzählen. Achten Sie auf die richtige Zählreihenfolge.
- Bestimmte Kompetenzen sollten automatisiert abrufbar sein und nicht immer wieder aufs Neue erlernt werden. Das entlastet den Kopf und setzt Kapazitäten für schwierigere Rechenbereiche frei. Beginnen Sie die reguläre Mathestunde oder Übungseinheiten mit dem rechenschwachen Kind mit *Basis-Warm-Ups*:
  - Übungen zum Mengenverständnis, z.B. Zuordnen einer Ziffer zu einem Bild mit der passenden Menge.
  - Vergleiche von Mengen: *Wo liegen mehr / weniger Bauklötze? Welcher Turm ist höher?*
  - Verdopplungs- und Halbierungsaufgaben
  - Ergänzungen bis zum nächsten Zehner / Hunderter / Tausender. Ein Zahlenstrahl, Abakus o.Ä. sollten hierfür in sichtbarer Reichweite vorhanden sein.
  - das kleine Einmaleins
  - Lassen Sie die Kinder auch in höheren Klassen immer wieder laut zählen: Rückwärts und in Zweier- oder Dreierschritten macht das auch nicht nur den rechenschwachen Kindern Freude.
- Ganz wichtig ist, dass Sie, wann immer möglich, einen Bezug zum *echten Leben* herstellen. Das zeigt dem rechenschwachen Kind, dass Mathematik einen echten Nutzwert hat. Vor allem auch Aufgaben mit Größen, wie z.B. Geld, Längen, Gewicht usw., sind wichtig. Lassen Sie die Schülerinnen und Schüler messen, abwiegen, einkaufen spielen! Das macht nicht nur Spaß, sondern zeigt den (rechenschwachen) Kindern, dass sie mathematische (Grund-)Kenntnisse fürs Leben brauchen.

Tipps für den Umgang

Arbeiten Sie niveaudifferenziert

- Geben Sie den rechenschwachen Schülerinnen und Schülern bei mehrschrittigen Rechenverfahren, wie z. B. der schriftlichen Division, eine *Schritt-für-Schritt-Liste* an die Hand.
- Bieten Sie Ihrer Klasse Aufgabenstellungen in unterschiedlichen Schwierigkeitsgraden an. So können Ihre Schülerinnen und Schüler z.B. Sachaufgaben auf unterschiedliche Art und Weise bearbeiten:
  - Rechenschwache Schulkinder erhalten Sachaufgaben mit den passenden Fragen. Zusätzlich sind die Informationen, die zur Berechnung benötigt werden, markiert.
  - Etwas schwieriger ist es, wenn die Fragen vorgegeben werden, aber die Sachinformationen selbstständig gesucht werden müssen.
  - Mittelstarke Schulkinder bearbeiten vorgegebene Aufgaben und notieren die Frage, Rechnung und Antwort.
  - Leistungsstärkere Schulkinder erfinden eigene Sachaufgaben zu vorgegebenen Rechnungen oder Skizzen.
- Nehmen Sie den Textaufgaben etwas von ihrer Komplexität, indem Sie den Text vereinfachen oder veranschaulichende Bilder hinzufügen.
- Sind bei Ihnen an der Schule Förderstunden vorgesehen? Prima, diese sollten auf jeden Fall genutzt werden, um mit rechenschwachen Kindern Basisübungen zu machen, Rechenmaterial einzuführen, mündlich Sachaufgaben durchzusprechen usw.
- Die Hausaufgabenstellung sollte differenziert erfolgen, sich an der individuellen Lernausgangslage orientieren und ggf. eine zeitliche Begrenzung vorgeben. Das sollte dann mit den Eltern besprochen werden.
- Eine stärkere Gewichtung der mündlichen Leistung rechenschwacher Kinder wäre angebracht. Dies muss aber im Kollegium abgesprochen werden, da es nicht unbedingt einheitliche Vorgaben (Nachteilsausgleich) für eine Dyskalkulie in Ihrem Bundesland gibt.
- Erschlagen Sie die betroffenen Kinder nicht mit umfangreichen Aufgaben. Lassen Sie sie z.B. im Mathebuch aus sechs Rechenpäckchen drei auswählen. Oder unterteilen Sie selbst erstellte Aufgaben in a), b), c).

Tipps für den Umgang

- Vielleicht können rechenschwache Kinder einen zusätzlichen Leistungsnachweis in Form einer mündlichen Präsentation erbringen. Warum nicht mal eine/-n berühmte/-n Mathematiker/-in vorstellen?

Setzen Sie auf digitales Arbeiten

- Als Ergänzung können Sie computer- oder appbasierte Förderprogramme einsetzen. Vor allem für das (zusätzliche) häusliche Training kann diese Lernform motivierend sein. Achten Sie darauf, dass die Inhalte verschiedene Schwierigkeitsstufen anbieten.

Passen Sie die Testsituation an

- Klassenarbeiten gleichen für rechenschwache Kinder mit hoher Wahrscheinlichkeit oftmals einer Extremsituation. Versuchen Sie, etwas von der Bedrohlichkeit zu nehmen, indem Sie die Tests variieren. Sprechen Sie die Dinge aber im Kollegium und / oder der Schulleitung ab. Informieren Sie auch die Eltern darüber.
- Geben Sie der betroffenen Schülerin oder dem betroffenen Schüler bei der Bearbeitung der Aufgaben mehr Zeit. Alternativ kann es auch hilfreich sein, dem Kind die Möglichkeit von Pausen anzubieten.
- Reduzieren Sie für diese Kinder den Umfang der Arbeit und fragen Sie *nur* Grundlagenkenntnisse wie das Einmaleins, Aufgaben zum Verdoppeln und Halbieren und Ergänzen zum Zehner / Hunderter / Tausender, Benennen der geometrischen Formen usw. ab.
- Stellen Sie spezielle Hilfsmittel und Rechenmaterialien bereit, z. B. eine Einmaleinstafel, Umrechnungstabellen, Abakus, Rechenschiffchen, Plättchen usw.
- Gestalten Sie Klassenarbeiten immer recht *luftig* und nehmen Sie lieber eine Seite mehr in Kauf als eine, auf der alles sehr dicht gedrängt ist, um die Kinder nicht mit zu vielen Aufgaben *zu erschlagen*. Dann haben die Kinder auch Platz für Nebenrechnungen und Skizzen. Unterteilen Sie die Klassenarbeit z. B. so, dass das rechenschwache Kind auf einem Blatt immer nur die Aufgaben zu einem Themenbereich erhält.

Buch- und Materialtipps

Punkten Sie mit dem Layout

Achten Sie bei der Gestaltung von Arbeitsblättern und Tafelbildern auf eine übersichtliche Gestaltung:

- Schriftgröße mindestens 12 pt, Zeilenabstand 1,15- oder besser 1,5-zeilig
- Planen Sie Platz für Nebenrechnungen, lange Rechenwege und Zwischenergebnisse ein.
- Achten Sie darauf, dass ausreichend Rechenkästchen (ggf. vergrößert) für die Aufgabenbearbeitung vorhanden sind.
- Geoemtrieaufgaben, Tabellen und Skizzen sollten recht groß dargestellt sein.

Sollte an Ihrer Schule über den Wechsel zu einem neuen, *moderneren* Mathebuch nachgedacht werden, rate ich zur Vorsicht. Für rechenschwache Schülerinnen und Schüler können sehr farbige Bücher, mit vielen kreativen Beispielen und sehr textlastigen Aufgaben eine deutliche Überforderung darstellen. *Klassische* Bücher sind vielleicht etwas langweilig, aber für diese Kinder eindeutig die bessere Wahl.

Kinder- und Jugendbücher:

Zoller, Hans-Ulrich: Mea und die Meeresschildkröten: Eine Mutmachgeschichte für Kinder mit Rechenschwierigkeiten. Ernst Reinhardt Verlag 2021.

Materialien zur Unterstützung Ihres Unterrichts:

Auf verschiedenen Plattformen finden Sie vorgefertigte Wissenstests oder Tools, mit denen Sie recht einfach, digitale Tests erstellen können. Vielleicht erhöht das die Motivation Ihres rechenschwachen Schulkindes, wenn es am Computer oder Tablet arbeiten darf.

Videos:

Sehr kindgerechtes Video zur Erklärung einer Dyskalkulie: https://www.youtube.com/watch?v=EH86AuNS2i0 (20.07.2022, 10:38)

Ein Film des Bundesverbandes Legasthenie und Dyskalkulie: https://www.youtube.com/watch?v=g02wG7SXJGg (20.07.2022, 14:23)

An der Kinderuni erklärt der Psychologe Dr. Jörg-Tobias Kuhn sehr kindgerecht, was Dyskalkulie ist: https://www.youtube.com/watch?v=ukVl2IzaMLE (21.07.2022, 17:31)

Erfahrungsbericht einer 25-jährigen Frau mit Dyskalkulie, die von ihrer Schulzeit und ihrem Erwachsenenalltag erzählt: https://www.youtube.com/watch?v=qvm-HXkN60Q (21.07.2022, 18:01)

Gut zu wissen

In diesem Kapitel erfahren Sie, wie Sie linkshändige Kinder unterstützen können, die Herausforderungen in einer auf Rechtshändigkeit ausgerichteten (Schul-)Welt zu meistern und ihre Stärken zu erkennen.

Wussten Sie, dass …

Kinder, die mit der linken Hand schreiben, befinden sich in prominenter Gesellschaft. So waren Wolfgang Amadeus Mozart, Ludwig van Beethoven, Leonardo da Vinci und Michelangelo Linkshänder. Auch Stars aus der heutigen Zeit wie Lady Gaga, Joe Cocker oder Angelina Jolie und Tom Cruise, die ehemaligen US-Präsidenten Bill Clinton und Barack Obama oder Sportlerinnen und Sportler wie Raphael Nadal und Monica Seles sind linkshändig. Sicherlich wird es Ihre Schülerinnen und Schüler zum Schmunzeln bringen, wenn Sie ihnen davon berichten, dass schon bei Babys im Bauch zu erkennen ist, ob sie später links- oder rechtshändig sind. In der 13. Schwangerschaftswoche zeigt sich die Prägung der Händigkeit nämlich beim Daumennuckeln der Föten.

Rechtliche Feinheiten

In den Schulgesetzen der einzelnen Bundesländer gibt es keine speziellen Vorgaben zum Umgang mit linkshändigen Schülerinnen und Schülern. Eine Umschulung, wie früher, wird zum Glück nicht aufgeführt. Aus dem Recht auf individuelle Förderung des einzelnen Kindes lässt sich jedoch ableiten, dass die Lehrkräfte für Hilfsmaßnahmen sorgen sollten, wo das Kind benachteiligt ist.

Verhaltensweisen auf einen Blick oder: Das beidhändige Kind

Bis in die 1960er-Jahren hinein wurden Kinder in Kindergarten und Schule teilweise sehr unschön auf die *schöne* oder *gute* Hand umgewöhnt, indem die linke Hand auf den Rücken gebunden, Fäustlinge über die linke Hand gezogen und ständige Ermahnungen ausgesprochen wurden. Und so lebten in den 1970er-Jahren nur wenige Menschen der Deutschen ihre Linkshändigkeit offen aus.

Tipps für den Umgang

Sie schrieben also mit rechts und verrichteten auch sonstige Tätigkeiten, wie z. B. schneiden und werfen, mit der rechten Hand. Wie die größte durchgeführte Studie zu diesem Thema zeigt, liegt die Linkshänderquote mittlerweile bei 10,6 %.[1] Dennoch geht man davon aus, dass es noch immer eine eindeutig höhere Zahl an Menschen gibt, bis zu 15 %, die von ihrer genetischen Veranlagung her linkshändig sind, es aber nicht ausleben[2]. Nicht selten beobachtet man, dass eigentlich linkshändige Menschen beidhändig agieren: Einige Handlungen werden mit der linken, andere wiederum mit der rechten Hand ausgeführt. Dies kann daran liegen, dass sie als Kinder oft rechtshändige Menschen als Vorbilder hatten und Bewegungen entsprechend nachgeahmt wurden. Auch ist unsere Gesellschaft auf Rechtshändigkeit ausgelegt, wodurch die Nutzung der rechten Hand oft *effektiver* ist.

Es gibt ein paar Merkmale, die mir in meiner Tätigkeit als Lehrerin aufgefallen sind und anhand derer man linkshändige Kinder erkennen kann, auch wenn sie nicht *alles* mit der linken Hand ausführen.

- Das Kind blättert Buchseiten und Zeitschriften mit der linken Hand von hinten nach vorne.
- Oftmals wird in Büchern auf der rechten Seite oder in der Mitte einer Seite zu lesen begonnen.
- Oftmals werden ganze Zeilen beim Lesen übersprungen.
- Bei Bewegungsabläufen kann der linke Fuß dominant sein, z. B. wird der erste Tritt auf der Treppe mit dem linken Fuß gemacht, auch der Absprungfuß ist der linke.
- Das Kind hat mitunter ein anderes räumliches Vorstellungsvermögen.
- Wörter werden ggf. in Spiegelschrift geschrieben.

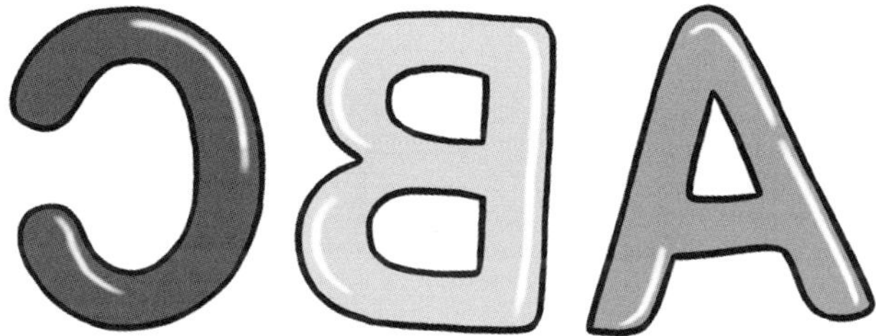

Es haben sich daher Schwerpunkte bewährt, mit denen Sie das linkshändige Kind in Ihrer Klasse unterstützen können.

Richtige Schreibhaltung

Da unsere Welt nach wie vor rechtshändig geprägt ist, haben es Linkshänderinnen und Linkshänder schwerer, in der Schule zurechtzukommen. Erhalten Linkshänderinnen und -händer keine speziellen Anweisungen, gewöhnen sie sich oftmals eine Handhaltung an, bei der sie über das bereits Geschriebene gleiten und dadurch zum einen die Tinte verwischen und zum andern sich selbst die Sicht auf ihre Wörter nehmen.

Oftmals entsteht daraus die sogenannte *Hakenhaltung*, bei der zwar nichts verwischt, das Schreiben aber sehr anstrengend ist, da das Handgelenk überdehnt und die Wirbelsäule verdreht wird.

---

1 https://www.wissenschaft.de/erde-umwelt/wie-haeufig-sind-linkshaender/, 10.01.2023, 13:55.
2 https://lefthander-consulting.org/deutsch/information/problematik/, 10.01.2023, 13:56.

Tipps für den Umgang

Sorgen Sie deshalb für eine optimale Stifthaltung, Sitzposition und Blattlage für das linkshändige Kind in Ihrer Klasse:

- Das Kind hält im Optimalfall seinen Stift im Dreipunktgriff – auch bekannt unter *Pinzetten-* oder *Zangengriff*: Dabei liegt der Stift auf dem Endglied des Mittelfingers und Daumen- und Zeigefinger umfassen ihn locker. Diese Art der Stifthaltung ist übrigens für Rechtshänderinnen und -händer genauso wichtig!
- Die rechte Hand sollte am oberen Blattrand liegen.
- Das Stiftende sollte in Richtung Ellenbogen zeigen.
- Der linke Ellenbogen sollte beim Schreiben am Körper anliegen.
- Das Kind sollte mit beiden Füßen auf dem Boden und gerade auf seinem Stuhl sitzen.

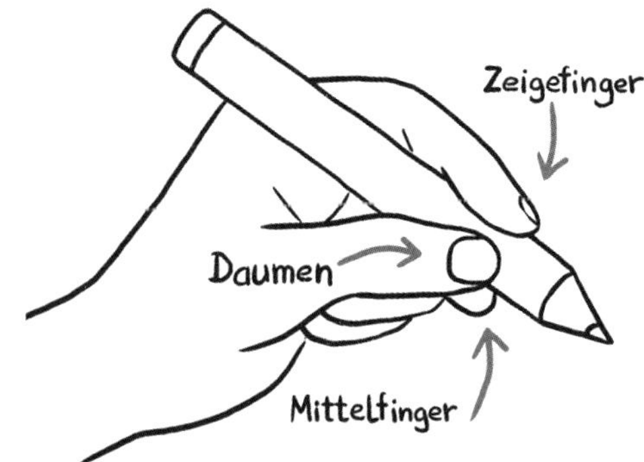

Um nicht immer wieder auf die richtige Haltung hinweisen zu müssen, kann es hilfreich und zugleich für das betroffene Kind spaßig sein, wenn Sie die Schreibfinger mit Nagellack oder einem aufgezeichneten Smiley kennzeichnen. Klären Sie vorher ab, ob es für die Eltern und das Kind in Ordnung ist.

Hilfsmittel für linkshändige Kinder

Verwendet eine Linkshänderin oder ein Linkshänder Gegenstände, die eigentlich für Rechtshändige gemacht wurden, so benötigt sie / er 20 bis 30 % mehr Energie.[3] Dieser Kraftakt ist eigentlich vemeidbar, da es mittlerweile ein großes Sortiment an Schreib-, Bastel- und Handwerksgegenständen gibt, die auf die Linkshändigkeit zugeschnitten sind. Sprechen Sie die Eltern diesbezüglich an, sofern die betreffende Schülerin oder der betreffende Schüler dahingehend noch nicht ausgestattet ist. Mit den passenden Materialien und Geräten wird es dem linkshändigen Kind gelingen, schnell und leserlich zu schreiben.[4]

- Es gibt spezielle Schreiblernstifte für linkshändige Menschen. Diese sind dreiseitig und mit weichem bis mittleren Härtegrad. Ebenfalls hilfreich ist ein Druckbleistift mit dicker, weicher Mine und ergonomischer Griffzone.

---

[3] https://www.kamina.de/schule-lernen/artikel/linkshaender-mit-links-durch-die-schule/, 10.01.2023, 14:03.

[4] Pressemitteilung zum Welttag der Linkshänder: https://www.news4teachers.de/2021/08/linkshaender-koennen-genauso-schnell-und-leserlich-schreiben-wie-rechtshaender-wenn-tipps-zum-welttag-der-linkshaender/, 10.01.2023, 14:03.

Tipps für den Umgang

- Auch die Holzmalstifte sollten dreikantig und dick sein.
- Alternativ kann ein Gummiaufsatz auf einem normalen Bleistift zu einer unverkrampfte(re)n Stifthaltung beitragen.
- Wird mit Füller geschrieben, sollte ein Linkshänderfüller benutzt werden.
- Es kann mitunter vor allem in der Anfangsphase nützlich sein, anstelle eines Füllers einen Tintenroller zu benutzen. So verschmiert nichts.
- Es ist ratsam, ein Löschblatt zu verwenden. Dieses befindet sich normalerweise vorne oder hinten in jedem neu gekauften Schulheft.
- Auf jeden Fall sollte das Kind mit einer Bastelschere für Linkshändige arbeiten. Im Optimalfall sind auch an Ihrer Schule ein paar solcher Modelle für die Schülerinnen und Schüler zugänglich.
- Auch möglich ist die Markierung des Schreibtisches mithilfe von Kreppband, wenngleich das sicherlich im Gebrauch weniger langlebig sein wird.
- Ein Anspitzer für Linkshändige – sehr praktisch in Döschenform – ist ebenfalls sinnvoll.
- Sehr hilfreich ist außerdem eine Schreibunterlage für Linkshändige, die die Lage des Blattes genau vorgibt. Diese gibt es in der abwaschbaren Plastikvariante oder in Papierform. Ersteres hält wahrscheinlich länger, ist aber weniger umweltfreundlich. Zweiteres ist in Blockform erhältlich, sodass schnell Abhilfe geschaffen werden kann, wenn eine Vorlage reißt oder verschmutzt ist. Vielleicht sind an Ihrer Schule solche speziellen Unterlagen vorhanden oder Sie dürfen sich welche anschaffen. Andernfalls können Sie sich im Internet eine Vorlage herunterladen, diese auf DIN A3 hochkopieren und laminieren.

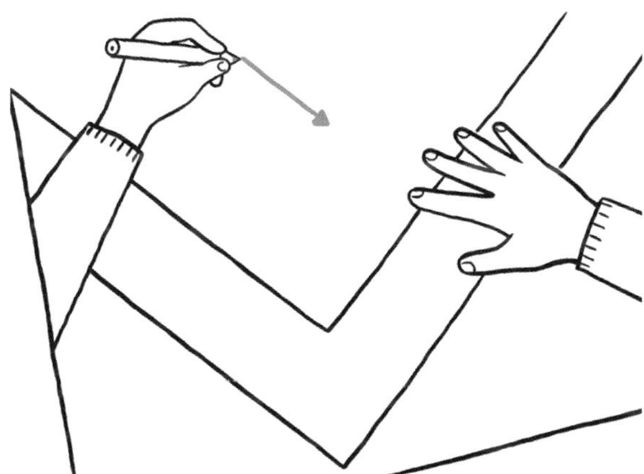

- Lineale für Linkshändige sind weitverbreitet, aber mit Vorsicht zu genießen. Die Skalierung ist nun mal aus Sicht der rechtshändigen Welt *falsch*, weil die 10 links und die 0 rechts ist und das nicht unserem Normsystem entspricht. Bei Kindern, die zum Verdrehen von Buchstaben oder Zahlen neigen, kann das zu großer Verwirrung oder auch falschem Abspeichern führen.
- Blöcke, deren Blätter oben abgetrennt werden, sind optimal. Es gibt sogar Collegeblöcke, deren Ringspirale sich auf der rechten Seite und Lochung auf der linken Seite befindet.

Tipps für den Umgang

Arbeiten Sie gern mit selbst gehefteten Büchern, Werkstattmappen o.Ä.? Dann machen Sie sich die Mühe, für die Linkshänderinnen und -händer in Ihrer Klasse die Heftung linksseitig vorzunehmen. Alternativ bietet sich für die gesamte Klasse eine Heftung an der Oberkante der Blätter an.

Schreibvorgang

Linkshänderinnen und -händer schieben den Stift, während rechtshändige Personen ihn ziehen. Das führt dazu, dass sie einige Buchstaben und Zahlen anders schreiben als ihre Mitschülerinnen und Mitschüler, z.B. von rechts nach links oder von unten nach oben. Haben Sie eine erste Klasse, so empfiehlt es sich, sich die Mühe zu machen, in den Unterrichtswerken und auf Arbeitsblättern die vorgegebenen Pfeilrichtungen für die Schreibweise einzelner Druckbuchstaben und Ziffern abzuändern. Ihre Schülerinnen und Schüler werden es Ihnen danken:

- Bei den Großbuchstaben A, E, F, H und T sowie den Kleinbuchstaben f und t sollten die waagrechten Striche von rechts nach links gestoßen werden.
- Bei der Ziffer 5 verfahren sie ebenso.
- Auch die Rechenzeichen +, - und = werden andersherum ausgeführt.
- Lernen die Kinder dann eine verbundene Schrift, so ist die vereinfachte Ausgangsschrift der lateinischen vorzuziehen, da hier zwischendurch immer wieder *Luftsprünge* ausgeführt werden und nicht durchgängig geschrieben wird.
- Des Weiteren kann es problematisch sein, dass die Buchstaben und Ziffern, die von den Schreibanfängerinnen und -anfängern nachgespurt werden sollen, am linken Blattrand vorgegeben werden. Im Zweifelsfall überdeckt das linkshändige Kind das, was es schreiben soll, und möchte es sich beim Schreiben noch einmal vergewissern, wie der Buchstabe oder die Ziffer aussieht, so muss es den Schreibfluss unterbrechen und die Hand heben. Helfen Sie ihm, indem Sie die Vorgabe auch am rechten Zeilenrand machen.
- Mittlerweile gibt es von einzelnen Verlagen auch spezielle Schreiblehrgänge für Linkshänder und -händerinnen.
- Das Schreiben von Buchstaben oder ganzen Wörtern in Spiegelschrift oder das Schreiben vom rechten zum linken Heftrand kommen bei linkshändigen Kindern häufig vor. Markieren Sie deshalb die linke Heftrandseite als Startposition mit einem roten Strich und evtl. zusätzlich einen Pfeil nach rechts.

Tipps für den Umgang

Da die am häufigsten benutzten Buchstaben sich auf der linken Seite der Tastatur befinden, tippen Linkshänderinnen und -händer meist schneller. Um dem linkshändigen Kind, welches in einer rechtshändig ausgelegten Gesellschaft oft benachteiligt ist, die positiven Seiten der Linkshändigkeit aufzuzeigen oder ihm zu einem positiven Selbstkonzept zu verhelfen, können sie einen kleinen Wettbewerb machen: Ein linkshändiges Kind tritt gegen ein rechtshändiges Kind an. Beide tippen einen kurzen Text ab. Wer ist schneller? Bestimmt werden Sie dadurch einen gehörigen Motivationsschub beim linkshändigen Kind erzielen, wenn es als Siegerin bzw. Sieger hervorgeht.

Lesehilfen

Ein linkshändiges Kind schaut von rechts nach links, gelesen wird aber von links nach rechts. Dadurch kann es passieren, dass das Auge des Kindes immer wieder nach rechts abdriftet und Buchstaben zu früh in ein Wort einbaut. Hier ein paar Unterstützungsideen:

- Eine Leseschablone, wie Sie auch bei leseschwachen Kindern eingesetzt wird, kann hier helfen. Damit werden die Buchstaben und Silben eines Wortes erst nach und nach aufgedeckt und das Wort so richtig erlesen. Die Schablone kann noch optimiert werden, indem ein Lesepfeil hinzugefügt wird. So ist gewährleistet, dass die Leserichtung von links nach rechts eingehalten wird.
- Die Bilder in Bildergeschichten sollten zusätzlich nummeriert werden, dann ist die Reihenfolge gesichert.

Linkshänderinnen und -händer können Texte perfekt lesen, die auf dem Kopf stehen. Rechtshändigen Kindern fällt das in der Regel etwas schwerer. Machen Sie sich dieses Wissen zunutze und eine lustige Übung im Unterricht daraus. Zwei Kinder sitzen sich gegenüber. Das eine hält ein Buch vor sich richtig herum, das gegenübersitzende versucht nun, den Text vorzulesen. Den linkshändigen Kindern in ihrer Klasse wird das problemlos und so flüssig wie normal gelingen. Vielleicht machen Sie einen Wettbewerb daraus, stoppen die Zeit und küren die oder den *schnellste/-n Überkopfleser/-in der Klasse*? Auch hier geht es weniger darum, dem rechtshändigen Kind vor Augen zu führen, was es nicht kann, als dem linkshändigen Kind seine Stärken aufzuzeigen.

Sitzposition im Klassenraum

Bei der Auswahl des Sitzplatzes für ein linkshändiges Kind in einem auf Rechtshändigkeit ausgelegtem Klassenraum ist Folgendes zu beachten:

- Das linkshändige Kind sollte entweder neben einem anderen linkshändigen Kind sitzen oder links außen. So ist gesichert, dass seine linke Hand immer frei ist und es weder sich selbst noch das nebensitzende Kind behindert.

Tipps für den Umgang

- Der Lichteinfall durch die Lampe und / oder das Fenster sollte im Optimalfall von rechts kommen, um keinen Schatten auf das Geschriebene zu werfen.
- Die zusätzlichen Materialien wie Federmäppchen, der Malkasten usw. sollten auf der linken Seite platziert werden können.

Linkshändigkeit im Sportunterricht

- Es kommt vor, dass linkshändige Kinder auch linksfüßig sind. Vor allem im Bereich der Leichtathletik ist es wichtig, den Kindern entsprechende Hinweise zu geben. So erfolgt z.B. der Anlauf eines linksfüßigen Menschen beim Hochsprung von der anderen Seite. Das Absprungbein ist dann das linke.
- Beim Starten für einen Kurzstreckenlauf aus dem Startblock muss dieser entsprechend umgestellt werden.
- Achten Sie darauf, dass Sie ein paar Hockeyschläger für linkshändige Kinder in Ihrem Materialschrank haben, damit alle Kinder beim Spielen auf ihre Kosten kommen.
- Mit hoher Wahrscheinlichkeit ernten Sie ein breites Grinsen, wenn Sie sich für die betroffenen Kinder den *Linkshänderaufschlag* für das Badminton- oder Volleyballspiel antrainieren oder ihn der Klasse von einer Linkshänderin oder einem Linkshänder vormachen lassen.
- Bedenken Sie, dass sich linkshändige Kinder beim Tanzen in die andere Richtung drehen. Vielleicht können Sie die Auswahl der Tänze entsprechend anpassen.

Training der Feinmotorik

Mit den richtigen Schreibwerkzeugen sowie Hilfsmittel, wie Linkshänderscheren o.Ä. kann ein linkshändiges Kind in der Regel genauso gut schreiben, zeichnen, hantieren wie ein rechtshändiges Kind. Da unsere Welt auf Rechtshändigkeit ausgerichtet ist, sind Linkshänderinnen und -händer mit Herausforderungen konfrontiert, die sich auf die Feinmotorik beziehen können. Bieten Sie im Rahmen des Kunstunterrichts, aber auch in anderen Fächern, immer wieder eine der folgenden Übungen an:

- Sie können das Kind Bilder mit Bügelperlen oder Aqua Beads® legen lassen.
- Auch kann das Kind mit Knete, Ton, Fimo® oder Modelliermasse hantieren.
- Auf dem Pausenhof besteht die Möglichkeit, einen Tischtennisball, eine Murmel oder ein Spielzeugauto in aufgezeichneten Wegen rollen zu lassen. Alternativ können Straßen aus Klebeband im Klassenraum geklebt werden.
- Legen Sie sich eine Sammlung an Arbeitsblättern mit Labyrinthen oder Punktebildern zu und laminieren Sie diese. So können Ihre Schülerinnen und Schüler die Aufgaben mit einem Folienstift immer und immer wieder erledigen.
- Linkshändige Kinder haben eine andere Schneiderichtung als der Rest der Klasse. Sie beginnen von links zu schneiden und drehen das Blatt nach rechts.

Buch- und Materialtipps

- Passen sie deshalb (im Anfangsunterricht) Bastelvorlagen dementsprechend an.
- Knoten oder Schleifenbinden, Stricken, Häkeln oder Flechten – es kann mitunter schwierig sein, den linkshändigen Kindern in Ihrer Klasse diese Bewegungsabläufe richtig vorzumachen, wenn Sie selbst rechtshändig sind. Fragen Sie im Kollegium oder bei den Eltern, wer Ihnen helfen kann, um zu gewährleisten, dass auch die linkshändigen Kinder die Bewegungsabläufe sicher und flüssig beherrschen.
- Im Internet finden sich zahlreiche Anleitungen in Bild- oder Videoform, die Ihnen zeigen, wie eine Schleife mit links gebunden oder mit links geschnitten wird und wie linke Luftmaschen aufgenommen werden.

Es ist gut zu wissen, dass Linkshänderinnen und Linkshänder sehr gut spiegeln können. So kann ein rechtshändiges Kind oder die Lehrkraft ihm ganz leicht Bewegungsabläufe vormachen, wenn sich die beiden gegenüberstehen und das betroffene Kind die Aufgabe spiegelverkehrt nachmacht. Sie müssen also nicht zwangsläufig alle Übungen beidseitig vormachen, lediglich die betroffenen Kinder auf das spiegelverkehrte Nachahmen hinweisen.

Kinderbücher zur Linkshändigkeit:

Geisler, Dagmar: Ich mache alles mit links. Sachbuch für Linkshändigkeit. Loewe Verlag 2021.

Rössler, Maria Theresia: Prinzessin Leonie und der linkshändige Konig. Verlag Jungbrunnen 2013.

Materialien für die Unterstützung Ihres Unterrichts:

Auf der Seite https://linkehand.at (24.11.2022 um 18:05) finden Sie nützliche Informationen sowie praktische Tipps zum Umgang mit linkshändigen Kindern sowie z. B. Anleitungen zum linkshändigen Stricken oder Schuhebinden.

Stöbern Sie mal bei den Büchern aus der Reihe *Mein Wisch-und-weg-Buch*. Diese bieten sich hervorragend an, um umweltschonend feinmotorische Förderung zu betreiben. Es gibt Ausgaben mit Labyrinthen, Schwungübungen, Punkt-zu-Punkt-Verbindungsübungen.

Videos:

Unter https://youtu.be/6HQxAupalGA (15.07.2022 um 15:54) finden Sie ein sehr interessantes Video, in dem zwei ARTE-Reporter sich ein paar Tests unterziehen, um etwas über ihre dominante Hand zu erfahren.

Unter https://linkehand.at/tipps1.php (15.07.2022 um 15:49) finden Sie Kurzfilme, die Ihnen zeigen, wie eine Schleife mit links gebunden, mit links gestrickt oder mit links geschrieben wird.

Unter https://youtu.be/Y1pJcBb-ZBM finden Sie ein Video, in dem die richtige Schreibhaltung gezeigt wird (10.03.2022 um 14:41).

Buch- und Materialtipps

Optimal ist die Schreibunterlage für Linkshänder von Dr. Johanna Barbara Sattler. Sie hat diese aus eigenen Erfahrungen als Linkshänderin und der Arbeit als Psychotherapeutin entwickelt: https://www.schulstart.de/schreibunterlage-linkshaender (10.03.2022 um 14:41)

Download Schreibunterlage: https://linkehand.at/div/Schreibunterlage-Verein-LinkeHand.pdf (10.03.2022 um 14:41)

Unter https://youtu.be/-oOqZQhFeZ4 (15.07.2022 um 15:39) zeigt Frau Dr. Sattler, wie die Schreibunterlage eingesetzt und der Stift optimal gehalten wird.

Material: 30 Wortbildkarten zu Gefühlen

Material: 30 Wortbildkarten zu Gefühlen

Material: 30 Wortbildkarten zu Gefühlen

Material: 30 Wortbildkarten zu Gefühlen

Material: 30 Wortbildkarten zu Gefühlen

Literatur- und Linkverzeichnis

Literatur:

Berger, Natascha; Holubowsky, Lena; Wayàn, Katja: Schaut, wie wir die Welt wahrnehmen. Autismus, ADHS und aggressives Verhalten verstehen – Tipps und Materialien für die ganze Klasse. PERSEN Verlag 2023.

Gaidoschik, Michael: Rechenschwäche – Dyskalkulie. PERSEN Verlag 2003.

Links:

Tacke, Dr. Gero: http://www.leserechtschreibfoerderung.de/Informationen/Fehlerwoerter.pdf

https://www.autismus.de/fileadmin/RECHT_UND_GESELLSCHAFT/Rechte_von_Menschen_mit_Autismus_1._August_2017.pdf

https://www.autismus.de/was-ist-autismus.html

https://www.magazin-schule.de/magazin/hochbegabte-erkennen-und-foerdern/

https://www.selektiver-mutismus.de/wp-content/uploads/2019/05/Auszug_Schulverwaltungsblatt_Mai_2008.pdf

https://www.rebuz.bremen.de/angebote/sprache-sprechen/mutismus-10775

https://mavericksociety.de/dyspraxie-als-erwachsener/

https://www.dyspraxie-online.de/downloads/200131_dys_105x148_screen_sb.pdf

https://www.iflw.de/blog/dyskalkulie-rechenschwaeche/was-ist-dyskalkulie-rechenschwaeche/

https://www.wissenschaft.de/erde-umwelt/wie-haeufig-sind-linkshaender/

https://www.kamina.de/schule-lernen/artikel/linkshaender-mit-links-durch-die-schule/

https://www.news4teachers.de/2021/08/linkshaender-koennen-genauso-schnell-und-leserlich-schreiben-wie-rechtshaender-wenn-tipps-zum-welttag-der-linkshaender/

https://lefthander-consulting.org/deutsch/information/problematik/

https://www.sciencedirect.com/science/article/abs/pii/S0362331912000638

https://www.bvl-legasthenie.de/images/static/pdfs/bvl/9_Handreichung-Lehrer_2018_web.pdf